這輩子，至少覺悟這一次

最貼近人性的心靈作家 何權峰◎著

高寶書版集團

生活勵志 042

這輩子，至少覺悟這一次

作　　者：何權峰
編　　輯：余純菁
出 版 者：英屬維京群島商高寶國際有限公司台灣分公司
Global Group Holdings, Ltd.
聯絡地址：台北市內湖區洲子街88號3樓
網　　址：gobooks.com.tw
電　　話：(02) 2799-2788
電　　傳：出版部(02) 2799-0909　行銷部 (02) 2799-3088
郵政劃撥：19394552
戶　　名：英屬維京群島商高寶國際有限公司台灣分公司
初版日期：2011年1月
發　　行：希代多媒體書版股份有限公司 / Printed in Taiwan

國家圖書館出版品預行編目資料

這輩子，至少覺悟這一次/ 何權峰 著
　-- 初版. - 臺北市：高寶國際出版,
　希代多媒體發行,　2011.1
　面；　公分. —（生活勵志　；HL042）

ISBN　978-986-185-543-1(平裝)
1.修身　2.生活指導

192.1　　　　　　　　99024753

〈自序〉

這輩子，至少覺悟這一次

何權峰

每個人都要過他的一生，但是人的一生為的是什麼？

大多數的人都像一群跑道上的跑者，卻不知道自己要跑到哪裡？要跑去做什麼？甚至跑到人生的終點死了，還不知道自己這一生為的是什麼？

就像江河中的一滴水，隨波逐流跟著大家走，於是在途中，別人跑得比較快，就傷心、嫉妒；別人跑得比較慢，就得意洋洋。

有時候他跑累了，想停下來休息，但看到許多人飛快地超過他，他又身不由己地追上去。這樣跑啊，跑啊，直到累死為止。

這是漫畫家蔡志忠所寫，關於人生意義的一篇文章，很發人深省。

是啊！每個人既然都會過完一生，為什麼要用跑的？要跑到哪裡？要跑去做什麼？這問題你想過嗎？

你也許會說：是為了追求理想、目標，才不斷追趕；是因為要快點到達終點，所以才用跑的。但是你有到達嗎？

不，沒有人真正到達，即使你已經越過了許多人，但是不管你在哪裡，總有人在你前面，也總有人在你後面，為什麼呢？因為所有人都是繞著圈子在跑，你看到有人在你前面，就以為別人先到達了，以為自己跑得不夠快，於是就更加快腳步，其實大家都只是在繞圈子。

我們就和那些蹬著小鐵籠子不停轉的小老鼠一樣。老鼠的小毛腿蹬得飛快，小鐵籠也轉得飛快，可是第二天早上醒來，牠們卻發現自己依然困在老鼠籠裡。

這小鐵籠代表的不單是每個人追求的理想、目標，同時也代表我們生命中發生過的各個事件和問題。輪子每轉一圈，便會重來一次。

你有跳出那個鐵籠嗎？還是只是不斷地在繞圈子？

覺悟就是跳出那個鐵籠，只有跳出來，你才會發現：原來那是一個圓圈，別人是在繞圈子，而你也跟著繞。

這些年你都在忙些什麼？是否也該靜下來想想：你要跑到哪裡？你要跑去做什麼？（你要的是什麼？你有得到你想要的嗎？）

知道自己要什麼，才不會隨波逐流，你可以不必理會跑得比你快的人，因為你有你要的，別人有別人要的。

知道了生命只是一再重複的模式，你才能有所覺醒，接受變化，並轉化為面對生命各種情境的智慧。

我們努力的一切都是為了讓自己幸福快樂，這是努力的目的，不是嗎？但是你的努力有沒有將你引至這個目標？還是越離越遠？

這覺悟能越早越好！

CONTENTS

目錄

CONTENTS

目錄

一定要享受過程

——生命的目的並不在道路的盡頭，而是在整條道路上。

人的一生是一直朝著某個地方前進的旅程，有些人旅行的目的，是為了抵達一個特別的地點、目的地，有些人則漫無目的。

那些漫無目的的人，不知道自己要去哪裡，也就永遠不可能到達目的地；而只看到目的地的人呢？就算到達，也往往錯失了目的。

怎麼說呢？

比方，如果爬山時你老望著山頂，就根本看不到腳邊的花花草草。人生旅程也一樣，如果你只在乎何時到達目的地，那就錯過整條路上沿途的美麗景致了，不是嗎？

說一則故事：

從前，有個年輕人和女友相約在一棵大樹下。他性子很急，很早就來了。雖然春光明媚，鮮花綻放，但他急躁不安，根本無心欣賞。

這時，忽然出現了一個小精靈。「你等得不耐煩了吧！」精靈說，「把這個鈕扣縫在衣服上吧！每當你遇到不想等待的時候，就向右旋轉一下鈕扣，你想跳過多長時間都行。」

年輕人高興得不得了，他握著鈕扣，輕輕地轉了一下。啊！真是奇妙！女友出現在他眼前，正含情脈脈地凝望著他。「要是現在就舉行婚禮該有多棒呀！」他心裡暗暗地想著。他又轉了一下，隆重的婚禮、豐盛的酒席出現在他面前；美若天仙的新娘依偎著他；樂隊吹奏著歡樂的曲調，他深深地陶醉其中。他看著美麗的新娘，又想：「如果現在只有我們倆該有多好！」不知不覺中他又轉動了一點鈕扣，立刻夜闌人靜……

他心中的願望層出不窮，「我還要一棟大別墅，前面是我自己的花園和果園」。他轉動著鈕扣，「我還要一大群可愛的孩子。」頓時，一群活潑可愛的孩子在寬敞的房子裡玩耍。他又迫不及待地將鈕扣向右轉了一大半。

時光如梭，他還沒有看到花園裡開放的鮮花和果園裡纍纍的果實，一切就被白茫茫的大雪所覆蓋了。再看看自己，鬚髮皆白。他懊悔不已，「我情願一步步走完一生，也不要這樣匆匆而過！」他把扣子猛力向左轉，他又回到那棵大樹下等著可愛的情人。他的焦躁煙消雲散了，他看見花草迎風搖擺，鳥叫聲是如此悅耳，還有樹幹上爬行的小動物是那麼悠閒自在。

人生是一個過程，不是一個目的地。你必須一步、一步地走，才能體會其中的樂趣。

當你去搭火車，你認為火車的功用是什麼？

當然是將乘客載到目的地。這是一般人的典型回答。

但為什麼火車的功用不能是載旅客欣賞沿途的明媚風光呢？那不是更有趣嗎？

我們來到世上並不只是為了達成各式各樣的目標，也不是像火車一樣，只為了抵達各個車站。我們是來體驗人生的，「享受活著」本身就是這趟旅程的目的。當你有了這樣的認知，一旦旅程遇到障礙、一旦你坐的那輛火車誤點或是因故障而暫停，你也不會感到挫折、沮喪或生氣；相反的，你會利用這個機會走下火車，看看不同的風景，那將是完全不同的體驗。

生命的目的並不在道路的盡頭，而是在整條道路上。因為美好的風景並不在目的地，而是在每一步路、每一個景、每一個呼吸、每一個心跳，不論你在哪裡，那裡就是你的目的地。

所以，不管你的目標是什麼，記住，一定要享受過程。

印度上師瑪哈拉傑說：你一旦領悟到路途就是目的，你便永遠在道路上前進，不是為了到達目標，而是為了享受路途的美好，生命就不再是一種任務，它會變得自然與單純。

快樂並不是在目的地，而是旅程中的每一步造就了快樂。高高興興地走出第一步，第二步就會隨著第一步而來，然後第三步又跟著來……。假如每一步都充滿驚奇，你的生命就充滿驚奇；假如每一步都充滿歡樂，你的生命就充滿歡樂。一旦你懂得欣賞周遭的美好，那你人生的旅程必定是美好的。

我不知道你的目的地是哪裡，唯一確定的是，人生的終點站是墳墓。所以，別顧著趕路，如果旅途很無趣，你想終點會有趣嗎？

需要的是水，而不是杯子

——若是我們一直將心思花在杯子上，又怎麼有心情品嘗水的甘甜？

這是一個忙碌上班族的故事。他每天匆匆趕著上班、開會、處理問題，電話接個不停，隨便塞個三明治果腹，很晚才拖著疲憊的身體下班……。他認為要「成功」就需要這樣努力，卻沒看出其實是欲望在主宰他的生活——而欲望也主宰我們大家的生活。因為我們都被欲望牽著鼻子走，想要有錢、想要更漂亮的衣服、想要更高的職位、想要更大的房子、想要擁有這個那個……。

我們多多少少也是這樣，在名利的誘惑下，我們一天天在世俗的漩渦中越陷越深，歡樂的影像也越來越模糊……。

某天，幾個同學去拜訪大學時的老師。老師問他們生活過得怎麼樣，結果學生紛紛大吐苦水：工作壓力好大、生意難做、仕途受阻、生活煩悶……等等。

老師笑而不語，從房間拿出許多杯子。這些杯子各式各樣，有瓷器的、有玻璃的、有塑膠的；有的杯子看起來高貴典雅，有的看起來粗陋低廉……。老師說：「都是我的學生，我就不把你們當客人了，你們要是渴了，就自己倒水喝吧。」

大家已經講得口乾舌燥了，便紛紛拿起自己中意的杯子倒水喝。等大家手裡都端了一杯水時，老師講話了，他指著茶几上剩下的杯子說：「大家有沒有發現，你們挑選的杯子都是最好看、最別緻的杯子，而像這些塑膠杯就沒有人會選中它。」大家並不覺得奇怪，誰不希望手裡拿著的是一個好看的杯子呢？

老師繼續說：「這就是你們煩惱的根源。大家需要的是水，而不是杯子，但我們有意無意地會去選用好的杯子，這就如我們的生活——如果生活是水的話，那麼工作、金錢、地位這些東西就是杯子，它們只是我們用來盛起生活之水的工具。杯子的好壞，並不會影響水的品質，如果將心思花在杯子上，你哪有心情去品嘗水的甘甜？」

人們越來越不快樂，正是犯了本質上的錯誤。想要的太多，以至於忘了生活的需要。

我們變得太過執迷於欲望的追求：職位升遷、銷售業績、收入數字、流行商品……等等，孩子的笑臉、蝴蝶的斑斕色彩、夕陽的餘暉我們卻視而不見，徐徐的清風無法觸動我們，花朵的芬芳也無法在我們心裡引起任何詩意，這樣的生命怎麼可能會有喜悅？

人長大，總是不斷地回憶著童年的天真與快樂，懷念著無憂無慮的過去。也常聽人說：好懷念以前，好想跟從前一樣快樂。那從前、小時候是怎麼快樂的？

當時什麼都沒有，卻擁有最多歡樂。一隻甲蟲可以是快樂的理由，一顆茶葉蛋可以是歡喜的原因，一杯水也可以成為幸福的體驗。

是啊！假如我們一直把心思花在杯子上，又怎麼可能品嘗出水的甘甜，不是嗎？

喜樂不是後天學來，也不是努力得來的東西，喜樂是我們生來就有的，它就在每個人的心裡。只是很不幸的，我們都遺忘了。

失去了童心，也就失去了喜樂。這是你我都知道、也有所體會的。當我們年紀越大、越聰明世故，煩惱就越多；想追求的事物越來越多，歡樂就越離越遠。

你的成功很重要，我知道，但不值得你犧牲幸福和快樂。否則這樣的成功，不是很失敗嗎？

欲望就像小孩

——我們不該想要怎麼去滿足，而是想為什麼會有那麼多不滿？

珍古德（Jane Goodall）早年在東非剛比河保留區觀察黑猩猩時，她把香蕉放在誘餌盒中吸引動物前來，經常會有黑猩猩來到盒邊，拿起香蕉坐在一旁享受。為了做實驗，珍古德決定將盒子中香蕉的數量增加到黑猩猩一次吃不完的數量，看看會有什麼後果。結果是一陣混亂，猩猩連抱不走的香蕉也要搶，為了多餘的香蕉互相打鬥。

你或許會笑這群猩猩傻，又吃不下，也抱不走，有什麼好爭的？但你沒發現嗎，其實人也是這樣。

你可以實驗一下，倒一卡車的名牌包包或鞋子，然後說可以免費拿走，你猜會不會也一陣混亂，甚至有人大打出手。

沒錯，人不但會爭吃不下、用不著、死時也帶不走的東西，而且還永遠嫌不夠。

我認識一位老闆，有次到他家拜訪，離開時，夫妻倆送我出門，當太太打開「儲藏室」，我當場愣住，裡面竟滿滿都是鞋。這位老闆告訴我，裡面起碼有五百雙，而她太太依然持續在買。

想想看，一個人一次能穿幾雙鞋？一生又需要多少雙？那多餘的鞋子是為了什麼？是為了腳嗎？但腳只要多休息就很滿足了，那麼多穿不到的鞋，還繼續買，是為了滿足什麼？

是欲望，對嗎？

欲望就像小孩會不斷長大，你越是滿足欲望，欲望就會越大。看看你櫃子裡的衣服、鞋子，你可能覺得還缺了些什麼。但比起你在學生時代所擁有的，現在已經多出很多了。但欲望就是這樣，不管我們擁有什麼，它永遠「欲罷不能」。

曾讀過一首打油詩滿耐人尋味，分享給大家，詩句是這樣的：

終日奔波只為飢，方才一飽便思衣，
衣食兩般皆俱足，又思嬌容美貌妻，
娶得美妻生下子，恨無田地少根基，

買到田園多廣闊，出入無船少馬騎，
槽頭栓住騾和馬，嘆無官職被人欺，
當了縣丞嫌官小，又要朝中掛紫衣，
做了皇帝求仙術，更想登天把鶴騎，
若要世人心知足，除非南柯一夢兮。

人只要不懂得知足，就不可能被滿足，你越想滿足欲望，它就越貪得無厭、索求無度。

你看那些有錢人，他們還需要更多錢嗎？他們根本花不了那麼多錢，可是「希望更多」的欲望使他們不但放不下，還想抓住更多，就像黑猩猩一樣。

我想起一則寓言：有一個貪婪的富翁，在森林裡尋找一位旅客遺失的珠寶，不巧被狼抓住了。

他給了狼許多食物，狼還是抓住他不放。富翁對狼說：「你不是說，只要我供給你足夠的食物，就不會吃我嗎？」

「是啊！」

「我已經給你那麼多食物了，為什麼你還要吃我呢？」

「你都沒有滿足的時候，你想我會有嗎？」

所以，當欲望不被滿足時，我們不該想「要怎麼去滿足」，而是想「為什麼有那麼多欲望」。

為什麼你會認為應該要滿足自己的欲求呢？如果你的欲望讓你覺得匱乏、讓你感到不滿足，你要做的，應該是限制自己的欲望，而不是設法滿足它們，不是嗎？

心理學家佛洛姆（Eric Fromm）說過：「貪婪是無底深淵，人竭盡心力試圖滿足需求，卻又永遠無法滿足。」

一個欲望的滿足，往往象徵更多欲望的滋生；更多欲望的產生，就意謂著有更多的不滿。這就是為什麼佛家不斷強調「無欲」。因為他們知道，如果欲望還在，就不可能快樂。欲望沒有被滿足的我們會感到痛苦，滿足了欲望的我們一樣感到痛苦，因為滿足之後，我們又會不滿足。

事實上心的不滿足即是痛苦。所以，如果你想快樂，問題不在於讓自己滿足，而是在減少你的欲望。

富有其實不難

——富有與錢無關，關鍵在於「你有些什麼樣的欲求」。

如果你有一桶水，你可以用來泡茶、刷牙、洗臉、澆花；但你不可能又要洗車、又想泡湯，甚至灌溉整座花園，那是不可能夠用的。

今天許多人認為之所以匱乏、錢不夠用，都是因為錢賺太少，這其實只答對一半，真正的原因是自己欲求太多。

你是否曾觀察過，你的欲望是怎麼來的？你看到某人背著很漂亮的皮包，那皮包是今年最新的款式，你心裡的欲求就會產生，然後你就想去買同樣的皮包；當廣告說，某個保養品可以讓你年輕十歲，你也想試試；你的同事換了新車，你又開始心動。你的欲望就是這麼來的。

別人有什麼，你也想要，於是金錢變得很重要。然而當我們越是把錢當作追求的目標，一旦無法達成，我們就越覺得匱乏，越容易對現況不滿。

有個年輕人活得很痛苦，因為他總覺得生活匱乏，自己想要的東西總是難以得到。

有天，他特別去請益一位高僧，訴說了自己的苦惱。

高僧倒了杯水給他喝。看到年輕人把水喝完了，高僧便問道：「這杯水解你的渴了嗎？」

「解渴了。」年輕人說。

高僧指著門前的一口池塘，問道：「與那口池塘相比，這杯子小嗎？」

「當然小。」

「這一小杯水，能解你的渴，而那一大口池塘，卻不能解除天下的乾旱啊。」

年輕人聽後，恍然大悟。自己之所以活得痛苦，是因為自己的欲望太大，這也想要、那也想要，而自己的收入僅供活口，就像一杯水不可能又要澆花、洗東西，又想泡茶和泡湯，對嗎？

我在年輕時，也曾過得很「匱乏」，因為我一直以為，富有就是要有錢，這樣才能買到所有想要的東西。

直到我領悟到：富有與錢無關，關鍵在於「你有些什麼樣的欲求」。

比方說，如果我們堅持車一定要開雙B、住宅一定要上億，這樣才叫做「富有」的話，那麼我們「很可能」一輩子都覺得自己是個窮苦潦倒的失意者。如果我們硬要追求自己負擔不起的東西，那只會讓自己變得窮困。

反過來，如果我們認定的富有，是立基在自己所擁有的資產，像「可支配的時間」、「和諧美滿的家庭」、「健康的身體」……等等，要變得「富有」其實不難。

在某次聚會中，有位休無薪假的朋友告訴我：「自從每個月收入變少後，我必須縮減家庭花費，但我現在可以在另外一件事情上非常慷慨，那就是陪孩子的時間。」

「你覺得不服氣嗎？」我問他。

「不會，有時還覺得這是福氣，」他說，「還好有停下腳步，才讓我找回失去的東西。」

我非常佩服，他很清楚自己重視的究竟是什麼。他不但擁有時間，還賺到了家庭歡樂，誰能說他不富有？

希臘哲學家克里安德，見多識廣，博學多聞。在他八十歲高齡時，有人問他：「誰是世上最富有的人？」他斬釘截鐵地說：「知足的人。」

的確，沒有一個滿足的人是窮困的，也沒有一個不滿足的人是富有的，就看你的欲求了。

富有不是因為你名滿天下；不是因為你位高權重；不是因為你富可敵國……

富有與否全憑自己的感受而定。即使你擁有許多東西，如果內心無法感受到，也等於沒有。內心在意的事，即使已經事過境遷，卻仍然常在我心。所以，你必須先了解自己真正在意的是什麼？是家庭，還是公司？是錢，還是愛？

成功和金錢不是評斷的標準，因為成功的定義見人見智，貧富則看欲求多寡；但幸福卻是由你自己決定，就讓幸福成為「富有」的標準。

畢竟，還有什麼比幸福，更能定義富有二字，不是嗎？

我有哪些滿足與不滿足？

我「富有」嗎？
我富有的定義是什麼？

你還在跟別人比較嗎？

——如果你是一匹馬，又何須羨慕鳥有翅膀，非當隻鳥不可呢？

拿自己與他人比較，可以說是最容易讓人不快樂的原因。

舉例來說，王小姐每年賺一百萬元，她對自己相當滿意，可是當她知道陳小姐每年賺進一千萬後，覺得相形見絀；劉小姐情人節收到一大束玫瑰，後來得知同事收到一顆鑽戒後，覺得悵然若失；張先生很得意兒子考試三科滿分，直到他聽說鄰居兒子的同班同學考了五科滿分，便笑不出來了。

你知道那是怎麼回事，一開始你並沒有對自己感到不滿，直到你跟別人比較，你的心情就有所變化了。

親友買了一棟房子，你因此覺得矮人一截，原本你的心情好好的，但當你看到他買的新房子，你便開始比較，隨即對現況感到匱乏與不滿足。

再如，當你遇見一位朋友，她的護花使者帥氣多金，或是他的紅顏知己溫柔貌美，而你回頭看看自己的丈夫或妻子……算了！你知道我的意思。我們的配偶通常不是對手，不論在辦公室、雜誌上、甚至在路上；即使你的配偶已經不錯了，但在別處總有更迷人的人。

別人家的草地看起來總是比較綠——從籬笆的兩邊來看都是如此。那是遠距離產生的假象，但近看之下，就會發現其中雜草參雜。

電視上的俊男美女在早上六點，可不一定這麼好看，脾氣和個性往往也不像「演出」那般；那些名人、富豪也不如你想像的幸福美滿。

記得宋代有一位大官剛剛入閣拜相，有人問他做宰相的滋味如何？他說做宰相就像穿新鞋一樣，外表是好看，但內心卻苦得很。

有人羨慕官員的權力，但風光背後要承擔多少？

有人羨慕明星的風采，但掌聲後面要付出多少？

有人羨慕有錢人的闊氣，但闊氣後面要煩慮多少？

和高車華服的權貴相比，市井小民看似微不足道，但這個「微不足道」，反而是小人物最「值得稱道」的地方。比方說，興之所至，到夜市小攤上喝兩杯，來一份蚵仔煎，吃完再到街上閒逛，何其自在？何其灑脫？你想，郭台銘能這樣嗎？林志玲能這樣嗎？

愛默生曾寫過一篇有關大山與小松鼠之間爭吵的寓言，大意是說：有一回大山嘲笑小松鼠，因為牠是個小不點。小松鼠不甘示弱地說：「我不認為我的體型嬌小是一種恥辱，我雖然無法像你有那樣碩大的體型，可以在背上負著一座森林，但你也不能像我一樣，用牙齒嗑開一粒核桃。」

每個人擁有的幸福不同，有時我們所擁有的，別人不一定擁有。百合或許羨慕玫瑰的嬌豔美色，但玫瑰或許也渴望有百合的高雅大方。所以，不必為別人所擁有的美好事物失意，應該多看自己所擁有的。

在人生的道路上。每個人走的路不同，根本沒有誰比不上誰的問題，你是你，而他是他，你們是不相同的，既然不同又如何比較？

只要想想一匹馬，牠跟一隻鳥比較，結果會怎麼樣？那牠一定非常挫折，牠一定對自己非常不滿，「為什麼牠的聲音比我悅耳？為什麼牠如此輕盈？」這不是庸人自擾嗎？

不要拿別人的生活方式來衡量自己的生活，因為這樣做根本沒有意義。你應該向內探索，了解自己是什麼。一旦你能接受自己，你就永遠不會和別人比較或嫉妒別人。

試想，如果你是一匹馬，又何須羨慕鳥有翅膀，非當隻鳥不可呢？

我們什麼時候才能不跟別人比較？

真正快樂的人是一個不跟人比較的人，那他就不可能不快樂；真正富有的人是一個不跟人比較的人，那他就不可能感到貧窮。拋棄比較，你就不會覺得貧乏；繼續跟人比，那你將會永遠貧乏，因為總是有人擁有更多。

縱使你已經很有錢，還是有人比你更有錢、過得比你更優渥。所以這種追求是永無止境的。我們真正要學習的，是去感受自己的富足、珍惜自己所擁有的東西，並心懷感恩。

不要老看到別人擁有什麼，其實你也有很多別人沒有的。

那才是你

——我們之所以是我們，是因為我們保留了一點屬於我們自己的東西。

參加醫學會議，常要作論文發表或專題演說，有時在會後還要與外國友人餐敘，以前我常感到緊張不安，因為我一直很不喜歡自己的英語口音，直到好友杜教授說了一句話：「就是因為有那個口音才像你嘛，何必介意！」

這話彷彿雷擊般把我打醒。沒錯，那就是我，不管有什麼缺點，那也是我。

從這件事我得到一個領悟，那就是要別人接受我們，我們就必須先接受自己。如果我都不認同自己，別人又怎麼可能認同我。

每個人來到這個世界上，與別人的生日不同、長相不同、個性不同……，就是要與眾不同。也許你並不完美，但又有誰是呢？你有一些缺點，這點大家都一樣。你的某些缺點，也許還是你的特色，這也是你獨特的地方。

當然，不可避免的事實是，並不是每個人都會喜歡你。但這也毋須太在意，心理學家海因．雪勒曾提出數據說：「若認識一百個人，裡面有十五個人喜歡你，就已經夠多了。」即使是佛陀、耶穌，也沒有得到全世界所有人的喜愛，不是嗎？

事實上，如果你想在一生中有所作為，那麼，緊接而來的就是會有一些人跟你敵對——一棵果實纍纍的樹，總會有人拿石頭去丟。別擔心，你只要忠於自己，自然會有欣賞你的人。

曾有學生問我：「既想忠於自己，又怕眾叛親離，怎麼辦？」

「你還是要忠於自己，」我說，「原因很簡單，你背叛自己的同時，也背叛了別人，因為他們認識的你，並不是真正的你，那是虛假的你，你等於背叛了自己和別人。」

人在愛裡面也常有類似的困惑：我到底要忠於自己的感覺，還是迎合對方？

我的看法一樣：要忠於自己。如果你忠於自己的感覺，那個愛你的人會一直在那裡；如果對方離開，表示他並不愛你。

婚姻最諷刺的一點就是，從我們說：「我願意。」開始，就必須去做許多

「不願意」的事。

我們做任何事都應該聽聽內心的聲音，問問自己：「這是我的本性嗎？這是不是我想做的？我做這些事會開心嗎？」不要委曲求全，如果我們只是一味地想得到別人肯定，我們就不可能做自己，那麼就算別人喜歡你，你也不會喜歡自己。

人可以以一種人工的表面過活，但在最深處、最內在的核心，你一直都是自然的。人工的部分只是包在你本性外面的一層，當你包裝越多，那一層就變得越厚，你就越不自然，離本性也就越遠。

你是否曾想過，你在別人面前為什麼會緊張不安？是不是你在本性上面「包裝」了什麼，那並不是你本來的面貌，所以你變得不自然、覺得不自在，你的緊張不安就是這麼來的。

為什麼你不能接受你本來的樣子呢？到底有什麼不對？你的不完美、你的錯誤、你的脆弱和你的長相，統統都是你啊！為什麼不大方地接受？

俄國作家契夫比喻得妙：「有大狗，也有小狗。小狗不該因為大狗的存在而心慌意亂。所有的狗都會叫，讓牠們各自用自己的聲音叫就好了。」

沒錯，你之所以是你，是因為你保留了屬於你自己的東西。那才是你，不是嗎？

接受你原本的樣子。只要做你自己，你就是完美的。我的意思是，你的平凡就十分完美了，不必再添加或修飾什麼。

你不能藉由表現出別人期待的樣子來贏得自尊，因為那不是你，你也無法尊重自己；想藉由討好別人來贏得情誼和愛，最後總是失敗，因為你一旦不被認同，你對自己的懷疑又立刻重現。

從今天開始，看著鏡子裡的自己，對自己說：「這就是我，不管我的缺點有多少，我都完全接納自己。」當你能以目前的樣子來愛自己、接納自己，自然就會流露出最完美的特質。

做自己，好自在

——花不會因人愛它而不凋謝，野草不會因人厭惡而不生長。

人們互相顧慮來顧慮去，每個人都很在意別人，「我這麼做別人會怎麼想？同事、朋友、隔壁的鄰居會怎麼看？外人會怎麼講？……」

然而，當你太在意別人，你就不可能成為自己；一旦有了重重顧慮，你就不可能放鬆。你看那些放不開的人，他們就是這樣，總是怕東怕西，所以才會如此不自在。

當你單獨一個人在家裡，你可以哼歌、扭腰擺臀、攤在床上，幾乎每個人都可以，但是如果有別人在場，你就無法如此，甚至連說話都有困難。你會透過別人的眼睛看；你會用別人的想法來評斷；你會開始顧慮……。

多年前，作家艾迪初次來到紐約，馬克吐溫請他吃飯，陪客有三十幾個，都是當時的顯貴。吃飯的時候，艾迪越想越害怕。

「你哪裡不舒服嗎？」馬克吐溫問。

「我怕得要死，」艾迪說，「我知道他們會要我演講，我擔心萬一講不好，他們會怎麼想。」

「艾迪，」馬克吐溫告訴他，「只要記住一點，你就不會害怕了——他們並不指望你有什麼驚人的言論！」

據說從此以後，他站起來講話，再也沒有害怕過。

你知道為什麼嗎？很簡單，就是忘了別人的存在。

有一次，有個聽眾問林翟禪師（Rinzai）：「你不會害怕聽眾嗎？你面對成千上萬的人講話，有那麼多人盯著你看，你難道一點恐懼都沒有嗎？」

林翟說：「每當我看著那些人，我就對自己說：『我也坐在那裡，只有我坐在這個大廳裡。』那就沒有問題了。」

是的，當別人都不存在，你就能自在。

試著想像沒有人在看你，你會怎麼做？

如果別人都不存在，那有什麼好害怕的呢？如果你把臺下的人都當成植物，那麼當你對他們講話時，你還會覺得害羞、恐懼嗎？

你看到一朵花，你覺得它很美，但從它的角度來看，它並沒有什麼差別，那只是你一廂情願的看法。它只是做自己，你喜歡或討厭它，並不會影響到它，那是你的事，與它無關。

一朵玫瑰需要贏得你的肯定嗎？一顆冰淇淋需要獲得你的喜愛嗎？不，玫瑰沒做任何事來贏得你的肯定，它只是做自己；冰淇淋也不需要努力得到你的喜愛，你喜不喜歡，它都不在意。

就像有一首詩寫的：

你知道，你愛惜，花兒努力地開；
你不知，你厭惡，花兒努力地開。

不管你喜歡也好，不喜歡也罷，我依然做自己。這就對了！

是的，做自己，好自在。

每個人都有不同的認知、思想、邏輯，如果你太在意別人的眼光，或太容易受別人影響，就會過得很辛苦。全世界有那麼多人，要在意永遠也在意不完。

我發覺，不論是感情或關係，那個越不在意的人往往擁有越大的主導權。當你在意別人，就容易耿耿於懷，凡事都想不開；反過來，當你不在意，有時別人反而會在意你。我也是經過了不少時間，才領悟到這點。

人生苦短，一定要做自己才好。

看著鏡中的自己，我看到了什麼？

從今天開始，我要這樣表現自己：

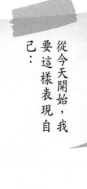

你把心情搖控器交給誰？

——你有沒有想過，為什麼你的情緒搖控器會落在別人手上？

假設人的心情可以被一種搖控器左右，你覺得哪些人握有你的心情搖控器？

你的先生、太太、小孩，還是你的鄰居、同學、同事，或者統統都有？想想，有那麼多人握有你的心情搖控器，如果他們隨便亂按，你會怎樣？你的心情一定時好時壞，對嗎？

當然，你會把不好的情緒歸咎於他們。你說：「都是他們惹我的。」、「我心情不好，是因為他這樣、那樣。」但這表示什麼？這表示你把主控權交給了他們，你把情緒搖控器交到別人手中，那你的情緒必定經常「失控」，因為你無法控制別人，對嗎？

有個女職員非常討厭自己的老闆，這老闆不但不講道理，還非常情緒化，只要心情不好，就對她大呼小叫。

幾乎每天，她都帶著怒氣回家，不停地跟老公抱怨，有時越說越氣，還會遷怒到老公頭上。

某天她回到家又是怒氣沖沖，這時，遠處傳來一陣狗吠，一向溫和的丈夫突然暴跳如雷，把妻子嚇了一跳，以為老公發瘋了。

丈夫焦躁地在屋內踱步，口裡喃喃念著：「氣死我了！那狗為什麼叫個不停！」、「真討厭！一直汪汪叫，煩死人了！」

妻子皺起眉頭，「你一直抱怨有什麼用？你氣死了，狗還是一直在叫啊！」

丈夫突然正經八百地說：「妳一直對老闆生氣有什麼用？妳氣死了，他也不會對妳比較好啊！」

妻子忍不住笑了出來，從此再也不把憤怒帶回家。

如果有一隻狗對你狂吠，你會惱怒、會氣得火冒三丈嗎？你當然不會，因為你知道狗就是這樣，牠要吠就讓牠去吠。你不在意，牠的吠叫就不可能激怒你。

但同樣的情形，如果換成其他人，換成你的老闆、親戚、朋友，當他們對你「吠叫」的時候，為什麼你就會覺得受到冒犯？就會抓狂？

因為你把「你的」心情搖控器交給那個人，對嗎？

如果你靜下來想想，你就會為自己的荒謬啼笑皆非。自己是如此愚蠢，又沒有人逼你把「搖控器」交出來，是你自己決定的，卻又抱怨、生氣，這不是自討苦吃嗎？

你有沒有想過，為什麼你的心情搖控器會落在別人手上？

每個人對自己的心情握有絕對的主控權，千萬不要別人說什麼、給你什麼，就照單全收。

別人可以給你壓力、臉色、難堪，甚至給你垃圾，但要不要接受，決定權在你。

我們不該說某人的言行把我氣得半死，而是我選擇接受某人的言行，所以才氣得半死。

不是某人給你很大的壓力，而是你選擇接受那個人給的壓力；不是某人給你臉色，而是你接受那個人給的臉色。記住，搖控器是在你手上。

如果你不想看某個爛節目，隨時可以轉臺或關掉。

你想做，還是不得不去做？

——唯一比你在做的事更重要的，是你在做這件事時的經驗和感受。

這世上的事情可分成兩種：一種是你想做的，另一種是你不得不做的。我們做每件事，之所以快樂或痛苦、是享受或負擔，關鍵都在這裡。

如果你學過鋼琴或其他才藝，你就會了解，如果是你自己想學的，學習的過程就充滿樂趣；然而當你是被逼迫的，不得不學，那整個過程一定苦多於樂。

如果你想游泳，就算泳技不好，只要碰到泳池的水，就能讓你樂在其中；如果你不想游，那麼包含換泳裝、水太冰、游完還要吹頭髮……，整個過程都成了負擔。

我們常看到有人做事無精打采、拖拖拉拉，做得心不甘情不願，那都是因為「不得不做」——因為已經報名了，不得不去上課；因為要養家活口，不得不工作；因為有小孩、父母，不得不照顧；因為女友要求，不得不去陪她……。有了這種想法，即使快樂的事也變成痛苦的負擔。

今天電梯壞了，你的女友住在十五樓，怎麼辦？如果你想見她，十五樓不算什麼，就當運動強身；可是如果你想的是：「沒辦法，已經答應她了，不得不去。」那就意興闌珊，即使很勉強地爬上去，也是拖著沉重的腳步，見到女友後甚至還抱怨連連，去了比不去還糟。

我們都不喜歡別人是出於無奈才為我們做事。想想看，如果你生病，你的朋友來看你，卻對你說：「我已經來看你了，別再說我不夠朋友！」你聽了會有什麼感受？

有人答應你的邀約，卻說：「你知道我有多忙嗎？我是看在你那麼有誠意才答應的！」你會覺得高興嗎？

所以，既然要去做，就應該快快樂樂去做，否則寧可不做。

多數人面對工作時，都不快樂。原因也是大家將工作視為「不得不做」的事。你去看看那些收銀員、餐廳女侍、公車司機、護士、上班族……，有幾個是快樂的？

人們常認為因為工作是負擔，所以不快樂，這是本末倒置。真正的原因是你沒有把自己的熱情投入，是你把它當成不得不做的事，所以才會變成一種負擔。

股神華倫・巴菲特的學生曾向他請益成功的要素，巴菲特說：「我和你其實沒什麼差別，一定要說的話，就是我做我愛做的事。」

你的工作難道不是自己選擇的嗎？沒錯，你必須先愛上你所做的事，否則將很難成功，更不可能快樂。

生命應該成為一股熱情，應該充滿朝氣和活力。不管你做什麼，都不要死氣沉沉的，不然就別做，沒有什麼是你的責任或義務。

責任和義務是很沉重的負擔。當一位母親對孩子說：「是我把你養大，你有義務養我。」當太太對丈夫說：「我是你的太太，你有責任照顧我。」這代表什麼？當人強調責任和義務，來履行那些「不得不做」的事時，就是因為沒有愛。

沒有愛，才會有責任或義務的問題。出於愛，會一直覺得：「我做得不夠，我可以多做些什麼？」而出於責任呢？會一直覺得：「我做得已經夠多了，這樣還不夠嗎？」如果你愛一個人，卻感到莫名的負擔，而被愛的人也感到一種負擔，那麼你所謂的「愛」就是責任或義務，而不是真愛。

當你真正愛一個人、當你真正做自己想做的事，你會很喜悅、很享受，你會充滿熱情。

高爾基說得對：「當生活成了一種快樂，生命就是喜悅；當生活成了一種責任，生命就是奴隸。」

如果你覺得生活苦多於樂，負擔多於享受，那你就必須好好想想，你是不是做了太多不得不做的事，而忘了去做想做的事？

如果你所做的事，是別人要你去做的，或你不得不去做的，你就不是主人，而是奴隸。那是不可能快樂的。

大家務必要牢記：跟隨你的喜悅。唯一比你在做的事更重要的，是你在做這件事時的經驗和感受。

要出於樂趣去做事，絕不要出於責任去做事。能為你帶來樂趣的事，一定會為每一個人帶來樂趣；而為你帶來痛苦負擔的事，早晚也會為別人帶來痛苦負擔。

所以，絕不要做你不想做的事。如果那件事真的非做不可，就試著把它變成你想做的事吧！

今天有幾次我把
心情遙控器交到
別人手上？

我是主人，還是奴隸？

誰該為「理想破滅」負最大責任？

——真愛從來不會受傷害，會受傷害是因為錯誤的期待。

上護理系的課，跟女學生談到心目中理想的對象，聽到的總是懷抱希望的回答：我希望他身高一八〇，不太瘦也不太胖；我希望他學養豐富、有內涵；我希望他很會賺錢，把錢交給我保管；我希望他有責任感、疼老婆，是顧家的好男人；我希望他常帶我出國旅遊……。

上推廣教育課，跟一些結過婚的學生談起結婚對象，回答則完全不同：我先生每天晚歸，不在家吃飯，孩子也不管；他老是跟朋友鬼混，每次都冷落我；衣服襪子都不收好，滿地亂丟；回家只會看電視，懶得跟豬一樣……。

而我跟一些已婚的男性聊天也是，聽到的不但沒有如想像般美好，反倒是處處事與願違。

這是誰的錯？如果此刻有人要為我們的失望負責，想當然耳，那個無法滿足我們的人理應為「理想破滅」負最大責任。

但是，大家是否靜下來想過，難道我們「幻想」配偶該怎麼樣，對方就該怎麼樣？就該為我們的想像負責嗎？

事實上，一個人原來是怎樣就會怎樣，每個人都依照自己的本性過活，你也依照自己的本性，這並沒有什麼不對，這跟我們的期待是不是能符合無關。沒有理由別人要符合你的想像，對嗎？

當對方不配合，就對所愛的人失望、覺得被背叛，那是對愛的誤解。你愛的人，從沒有背叛你，他只是做他自己，如果你因此而受傷害，那是你背離了愛。

真愛從來不會受傷害，會受傷害是因為錯誤的期待。如果你無法體認這點，那個傷害永遠都不會結束。

有位讀者寫信給我，信中盡是對先生的失望和憤怒，多年來，她已經用過各種辦法，但他還是老樣子，「我該怎麼做？」

「什麼都別做了，只要做自己。」我告訴這位受傷的女人。「既然他一直是那樣，為何你還是會為他的言行感到氣憤？這麼多年過去了，為什麼你還期待他會改？」

引自卓別林的話：「如果你期待天鵝有美妙的聲音，這根本是錯誤的期待。」因為不管你再怎麼期待，永遠也不可能發生。苦苦地做根本不可能辦到的事，只會帶來無謂的挫折和痛苦。

你接受別人本來的樣子，還是保留你的愛，直到他們變成你想要的樣子？如果對方不改變，你打算一輩子彼此傷害下去嗎？

人在愛裡會一再受到傷害，直到對愛有所覺醒、讓愛自由，所有傷害才不再存在。

擺脫那個期待，做自己！也讓他做自己吧！

別想像理想的對象該是什麼樣子，那種預設的想法，只會在你和對方中間築起一道牆；也別再幻想能改變對方，那只會挖出一道溝，你越努力改變對方，代溝只會越深。

每個人都是獨特的，每個人都有做自己的權力，這就是人們為什麼穿不同的衣服、剪不同的髮型、開不同的車，並以如此多種不同的方式過生活的原因。

我們都希望做自己、希望別人接受我們，你不也是這樣嗎？要別人為我們的期望負責，是不成熟的。那就像把所有賭注壓在某個數字上，結果號碼不對，就當場抓狂一樣。

當然，如果別人的期待「剛好符合」你對自己的期待，又何樂不為？當對方將所有賭注壓在你身上時，你怎麼捨得讓他輸？

人之所以被愛，不是因為優點，而是他的缺點。

你有過這樣的經驗嗎？你所愛的人，他並不完美，但正是因為他有某些缺點，你才覺得他可愛，你才知道自己愛上他了。

愛爾蘭作家王爾德（Oscar Wilde）說過：「需要我們來愛的，並不是完美的人，而是不完美的人。」

如果你發現你所愛的人有什麼你想批判的地方，請明白那也是你最能支持他的地方。如果你無法支持，甚至還責難批評，那你怎麼能說自己愛他呢？

如果你只愛某人的優點，卻無法接受他的缺點，那你愛的並不是他，而是自己。

真正的愛，願意為對方改變；只有不愛的人，才會去改變對方。

別在老鼠身上擠奶喝

——你必須先擁有，而不是找一個人來彌補自己所沒有的。

長久以來人們對愛最大的迷思，就是以為愛來自別人，每個人都在問：「你愛我嗎？」卻很少人問：「我愛自己嗎？」

由於我們不懂得愛自己，每個人都在找愛我們的人來證明自己是可愛的。因而，當失去了愛時，我們便認為自己是不值得愛的。

「愛一個人為什麼會有那麼多痛苦？」原因也在這裡。當你往外求愛，等於是在求人。當對方點頭，你就歡喜；對方搖頭，你便跌入萬丈深淵。如此你便一直需要別人的感情施捨和賞賜，那就是為什麼愛會變得如此挫折、悲慘。

在一場研討會中，有位女士提及，她曾與先生貌合神離，為了挽救婚姻，她處處委曲求全，在經歷一段漫長與飽受挫折的歲月後，仍徒勞無功，她不想再這樣下去了。

「所以，我決定即使他不愛我，我也要愛自己。」她語氣堅定地說，「我決定自己給自己曾經想從他身上得到的關愛與溫柔。」

她終於覺悟了。

如果你得不到你所渴望的愛、快樂與祝福而覺得挫折難過，那就自己給自己吧！這是你想要的愛，為什麼非得經由另一個人來得到這分愛？何必去求人呢？

你以為某人能讓你幸福快樂，那只是你以為而已，其實你並不需要。或許，某人曾帶給你許多快樂，但在你還沒遇見這個人之前，你不也曾幸福快樂。你應該問自己：「我為什麼認為只有這個人才能給我快樂？」如果你對自己夠誠實，你會知道你並不需要。

作家威廉．費德說得對：「舒暢的心情是自己給予的，不要天真地奢望別人賞賜。舒暢的心情是自己創造的，不要可憐地乞求別人施捨。」

真正的愛是從愛自己開始。你必須先擁有，而不是找一個人來彌補自己所沒有的。別在老鼠身上擠奶喝。

你的快樂很短暫，因為那不是你的，你的快樂倚賴某個人或某件事。舉凡能夠讓你依賴的人事物，都不可能長久，都會隨著人事物消失而消逝。

現在起，請停止向外求，請停止在別人身上尋找快樂和認同，我們的快樂之鑰以及幸福之源並不在那裡，而是在自己身上。

唯有當你愛自己，滿足於自己的生活，才有能力和別人分享你的愛，去愛別人，並得到別人的愛。

真正帶給你痛苦的人

——有時候，不是對方不在乎你，而是你把對方看得太重，以至於壓垮了彼此。

人與人的問題都是從期待而來。

我有兩個親戚，她們的媳婦很像，都不做家事、好逸惡勞；都很會管先生，對公婆卻從未主動關心。然而，一個家裡有嚴重的婆媳問題，另一個家裡卻從未發生過，一家和樂。

深入探究，發現原來第一個婆婆對媳婦有預期的想法，她認為一個媳婦「就該怎樣」，所以當期望和現實之間有落差，問題就來了。而第二個婆婆呢，她對媳婦並非沒有期待，而是她懂得放下期待，所以問題也無從生起。

你想過嗎？當你以平常心去對待一個人，你為什麼會生氣？是不是你沒有從那個人身上得到預期的東西？

當你對一個人付出越多，你就怨得越多，為什麼？是不是因為他們讓你失望、他們辜負了你？如果你對他們沒有任何期待，你還會怨恨他們嗎？那是不可能的，你怎麼可能去怨恨一個你不在乎的人呢？

你看過婆媳、夫妻、兄弟姐妹或親戚朋友嗎？他們彼此怨恨，甚至比任何陌生人都還嚴重。先生如果預期太太應該如何，那太太就會很累，而先生也會感到不滿；親戚朋友如果期待親戚、朋友就該怎樣，那彼此就很容易產生摩擦。婆媳間也一樣，當期待有落差，戰爭就會引爆。

你何時會感激一個人？是當他做了你預期以外的事情，對嗎？

當鄰居煮東西請你吃，你會感激，如果是你太太、媳婦煮給你吃，你就不會覺得感激；同樣的，你不認識的人幫你一點小忙，你會很感激，但如果是你的親人幫你，你通常都不會感激。為什麼？

也是因為期待。當你有預期，你會覺得理所當然，甚至還會挑剔他們做得不夠好。當你沒有期待，你會感恩，因為那是「預期之外」的，對嗎？

所以，我常開玩笑說，如果你想給一個人最殘酷的懲罰，那就是讓他變成你的親人。

今日感情和親情的問題會有那麼多，就是因為有太多人對所愛的人有過多期待，就像阿根廷作家博爾赫斯說的：「過度的希望，自然而然產生了極度的失望。」那也就是為什麼愛會轉變成恨；彼此相愛卻又有那麼多不滿。

好，現在讓我們一起來想想，當你對某人感到不滿，你的不滿是怎麼來的？是不是因為他沒有符合你的期望，或是因為他還是老樣子，依舊沒變，對嗎？

然而，這個期望是誰訂定的？這個失望的人又是誰？如果你曾靜下來想過，你就會明白是怎麼回事——原來這都是你自己創造的，你一直把期望投射到對方身上，這就是你一再不滿的原因。

有時候，不是對方不在乎你，而是你把對方看得太重，以至於壓垮了彼此。

明白了嗎？真正帶給你痛苦的並不是那個人，而是你對那個人的期待，是那個期望帶給你痛苦。

一旦放下期望，你的心就會平靜，你將發現原來自己就是期望下最大的受害者。

當你不期待，你就不會害怕，因為當你一無所求，你怕什麼？

當你不期待，你就不會生氣，因為當你不在乎，還有什麼好氣的？

當你不期待，你就不會失望，因為你沒有任何期待，又怎麼可能失望？

當你放下期待，你們的問題就會消失，因為當你不再預期對方應該怎樣，你便開始學會感恩，而當你懂得感恩，所有問題就不再是問題。

沒錯，所有問題都因「期待」而糾結，因「感恩」而解放。

當你不再期待，你會發現，你不會失去什麼？你會失去的東西只有痛苦而已。

我最愛自己哪些地方？

我對我愛的人有哪些期待？會太多嗎？

發現你所不知道的自己

——別人的缺點，就是我的缺點。當我們評斷他人時，其實也在評斷自己。

你知道自己的外表，因為你從鏡子裡就可以看到。然而你知道你的內在嗎？你可以從鏡子裡看到自己的心、自己的個性、情緒、感覺和思想嗎？可以！這面鏡子，就是關係的鏡子。

從這面鏡子裡，你可以發現你所不知道的自己。

舉例來說，你感覺某個人很不友善，然而當你認為他不友善，你會有什麼反應？你會如何對待他？你難道不是一樣不友善嗎？

所以，他是你的鏡子。有人說你很小心眼，他亂說，但如果你很氣，找他議論，不就證明他說得沒錯嗎？別人很沒水準，但如果你也有樣學樣，那就表示你跟他的水準一樣。你從別人身上看到的其實是自己。

有些人或許會質疑，「是他惹我的，不然我也不會這樣，怎麼能說我像他？」

當我們生氣時，會認為憤怒是由別人造成的，而將情緒反應都怪到別人身上，那是正常的反應，因為你看不到自己的內心，但如果你深入觀察就會明白，造成生氣的主因，其實是自己那顆憤怒的心，因為有些人面臨相同的情況，卻不會如此生氣，或是有這樣的情緒反應，對嗎？

如果我們被天空的宏偉壯麗所感動，顯然是我們自己內心的感受，因為就在同一個天空下，有些人或許一點感覺都沒有。我們對周遭人的觀感也一樣，其實都反映出我們的內心狀態。

我們在情感關係中所發生的問題，都反映出我們自己內心的問題。一個內在平和喜樂的人，他的人際關係就會平和喜樂，一個心中經常憤恨不平的人，他的周遭就常會有憤恨不平的事。

不管你跟誰在一起，你的先生、太太、朋友、同學、情人或敵人，把他們當作一面鏡子，你可以在他們身上看到自己的真相。

哲人波頓．賀爾寫道：

我用批評的顯微鏡看哥哥，
說：哥哥看來多麼粗糙啊！

我用輕視的望遠鏡看哥哥，
說：哥哥是多麼渺小啊！
然後我看真相的鏡子，
說：我與哥哥多麼相似啊！

別人的缺點，就是我的缺點；當我們評斷他人時，其實也在評斷自己。

記住，下回當你指出別人的錯誤時，先停一下，想想看，自己會不會也犯同樣的錯誤？

印度哲人克里稀那穆提說過：「要認識自己就要觀察自己，在你和別人的關係裡知道自己實際上是什麼。不管這種關係親密與否，自我都會從你們的關係反映出來，讓你看到自己是什麼。」

運用鏡子的概念，我們就可以透過在關係中發生的問題反過來了解自己。

當你說：「你不體諒我！」想想看，自己是不是也沒有體諒對方？

當你說：「你為什麼不替我想想？」想一下，是不是你也沒替對方想想？

當你很氣，「為什麼他老是這樣？」反省一下，自己是不是也老是那樣？

你與每個人的關係，都反映出你與自己的關係。關係出問題永遠要檢討自己，在別人身上找問題是搞錯了方向。

所有懷疑的起因

——從「認定別人是怎麼樣的人」轉而認出「原來自己是怎麼樣的人」。

有一次，一個朋友想介紹商品給我，我正巧有事外出，他沒見到人，就懷疑我是故意避開他，還到處向人控訴，說我不夠朋友⋯⋯。

這實在很有趣。如果他很夠朋友，會因為商品沒介紹成，就認為我不夠朋友嗎？

再來，他懷疑我故意避開他，這也搞錯了。他是在懷疑我嗎？不，其實他是懷疑自己。他懷疑自己的商品、懷疑自己不被接受、懷疑自己不受歡迎。

這道理很簡單。如果你想跟某人借錢，而他正巧不在，你會懷疑，「他是不是在躲我？」反過來，如果那個人是你的債主，你要還他錢，就算他幾天都不在，你也不會懷疑他躲你，對嗎？

你是否也有過類似的經驗？即使你沒做某件事，但對方就是懷疑你？或是你已經詳實解釋了，但對方就是不相信？

別太在意，這跟你無關。記得有一則笑話：

一位老師正在黑板上寫字，突然聽到學生在笑，

「你們是不是在笑我？」

學生們一本正經地回答：「不，不是！」

老師冷冷地說：「哼！這裡除了我之外，還有誰可笑呢？」

明白了嗎？對方會懷疑你，是因為他懷疑自己。

我有一位朋友，他不敢把錢交給老婆，他不相信她。為什麼不相信另一半呢？因為他自己不善理財，而且常亂花錢。他把對自己的懷疑，投射到對方身上。

有一位病人，他很神經質，對任何人都充滿防衛。後來我才發現，他害怕的不是別人，而是自己心中的憤怒和敵意，並將它們投射到別人身上。

我還認識一些人，他們很愛猜疑，無法信任人。進一步了解，原來是因為他常欺騙別人。想想，如果你會騙人，你怎麼可能去信任別人，對嗎？

所有懷疑的起因都是懷疑自己。沒錯，如果你懷疑自己，你也很難信任別人。

我想起蘇菲派的聖愚者穆拉．那斯魯丁（Mulla Nasruddin）的一則趣聞。

有一次，他與一名哲學家訂下辯論日期。哲學家依約前往，可是那斯魯丁竟然爽約出門了。

哲學家非常生氣，拿了粉筆，就在那斯魯丁的門上寫下「大笨蛋＋白痴」。那斯魯丁回家看到字，馬上去找哲學家。

「真抱歉，我忘記了，」那斯魯丁說，「還好你在門上留下名字，讓我想起這個約會。」

從「認定別人是怎麼樣的人」轉而認出「原來自己是怎麼樣的人」，最後你終將明白，你身外的一切人、事、物，全是你自己想法的倒影。你會懷疑別人，是因為你不相信自己；你對別人的不滿之處，正是你對自己不滿的地方。

如果你發現有人批評你，在你生氣前，先問自己，你內心是否有一部分在批評自己？放掉那分自我批評，你將較少被別人批評。

當你不對自己生氣，慢慢你就不會對別人生氣；你不苛責自己，就不會苛責別人；你不懷疑自己，就不會懷疑別人，也會較少遭到別人懷疑。

其次，別人對你說了什麼、做了什麼，也不必太介意，那反映了他們是怎麼樣的人。

如果他對自己不信任，就不可能相信別人；如果他很少善待自己，就不容易善待別人；如果他對自己要求很高，也會以同樣的標準要求別人，那是一定的。如果他是個有問題的人，就會去挑別人的問題。

安於不知道

——人生少知道一點，有時候反而是幸福的。

假如你與某人交往，而你知道在幾年後你們會分手，你還會跟他交往嗎？

假如妳懷孕，而妳知道這個孩子在十年後會死掉，妳還會生下他嗎？

假如你知道自己死亡的日期，你還有心情慶生嗎？

我想，多數人的答案都是否定的。

還好，我們並不知道。如果我們事先知道了我們必須經歷的是什麼，很可能我們什麼事都不會做了。

說一則故事：

颱風帶來豪雨，讓河水量暴增，最後沖毀了村莊裡唯一一座橋。居民們不得已，只好在兩岸間搭起幾塊木板，充當臨時橋梁。但木板又窄又簡陋，而橋下的溪水仍非常湍急，因此沒有人敢使用這座便橋。

這時來了三個人，都趕著要過橋。他們一個眼睛看不見，一個耳朵聽不到，另一個則耳聰目明。

盲人最先走，不一會兒就過了橋，聾子不一會兒也走過去了，倒是那個健全的人，走沒幾步就掉到橋下，差點被湍急的溪水沖走，幸好附近的居民及時搶救。他被救起來時，渾身溼透，嚇得直發抖。

有個男子非常好奇，心想這座橋連健全的人都難以通過，不知道盲人和聾子究竟是怎麼辦到的？於是上前詢問。

盲人說：「這很簡單，因為我眼睛看不到，不知道這便橋有多簡陋，所以不會擔心。」聾子說：「因為我耳朵聽不到，不知道橋下的水流有多湍急，所以不會害怕。」

男子聽了，感慨地說：「耳聰目明有時也會害人啊！」

沒錯，知道太多也會害人。

其實，在這世上所有的人事物，不管我們擁有什麼，失去是早已注定的，只是不知道在什麼時候，所以每個人才能如此樂觀進取。

其實，每個人一生中都有好幾次罹癌的機會，只是大多數人體內的免疫細胞默默地戰勝了癌細胞，因此大多數人終其一生都不曾覺察到。

其實，我們一出生就被判了死刑，只是我們不知道會在哪一天、以什麼方式，而也就是這種「無知」，讓我們對生命充滿希望和期待。

所以，人生少知道一點，有時候反而是幸福的。若讓你早知道，人生就不可能如此豐富多采，不是嗎？

生命是不可預期的，正因為不可預期，所以充滿期待。就像去看棒球賽，誰都不曉得下一秒鐘情況會變得如何，而它的迷人之處也在這裡，有安打的喜悅、觸殺的刺激、全壘打的興奮、三振的懊惱，更有緊張萬分的賽程……，這就是人生。

假如一場球賽你還沒去看之前，就已先預知比賽的結果，還會有趣嗎？

假如人生還沒開始，你就知道了結局，那又何必來這一遭呢？還是不知道的好！

假如當初

——你永遠可以回頭想，但你永遠只是現在的你。

假如你選擇了一條路，就永遠無法確定選另一條路的結果會如何……

今天你投資股票賠錢，你可能會想：「假如當初買黃金、買房地產，現在早就賺翻了。」

今天妳是個怨婦，妳可能會想：「以我的才華，如果當年不早早嫁人，而去從商，現在一定是女強人。」

今天你出了點意外，你可能會想：「假如當時我走另一條路，就不會發生那樣的事。」

但真是這樣嗎？假如當初你做的是另一個決定，你認為那絕對就是對的嗎？轉換投資就一定穩賺不賠嗎？去從商就一定是女強人嗎？你確定走另一條路就一定不會出事嗎？

不，人生是無法預測的，沒有什麼是一定的，沒有什麼是絕對的對與錯。

曾看過一部電影《黑洞頻率》，劇情描述一位年輕警探約翰，在一個太陽風暴頻率變異的夜晚，意外地以一臺無線電聯繫上已去逝三十年的父親，也就是處在一九九九年的他竟然和一九六九年正在使用同一臺無線電的父親通話。這場時空交疊的對話不但讓約翰周遭的事物重新洗牌，也改變了全家人的命運……

當約翰與父親相認時，內心充滿了驚喜和懷念，因為父親在救火任務中喪生時他才七歲，他心底始終企盼父親能在成長過程中陪伴他。現在有機會可以救父親一命，靈機一動的他遂向父親預警。結果，父親在隔日的救火任務中，改變了他原先會走的路線，因而脫離險境活了下來。

乍看之下約翰「做對了」，他救了父親，但接下來故事的發展，卻非約翰原先所預期。像多年後父親仍因吸菸引起的肺癌而過世；先前交往的女朋友也跟他漸行漸遠；甚至救了父親卻失去母親……，一連串無法預期的變化接踵而來。

我有一個老同學，當年為了支持先生打拚事業，她放棄出國念書的機會，婚後扮演全職家庭主婦。沒想到先生飛黃騰達後，卻提出離婚的要求——因為他有了新的對象。

她憶起往事，感到非常懊悔，自己為了這個男人放棄留學和工作，結果卻換來一場空。

她說：「假如當年我堅持出國，所有的一切都會改觀。我可能不會和他結婚，我也不會浪費多年的青春在他身上。」

就像她一樣，我們也常會嘆息過去某個時刻，為什麼不選擇另一條路？然而大家很少反過來想，這選擇在當時來看未必是錯的。這也是經過深思熟慮、也是衡量過利弊才決定的，不是嗎？

再假設，如果她當時做了別的選擇，一切就會很好嗎？那也未必，或許還是會有其它問題產生。人只有在回頭看時，才會知道。

你永遠可以回頭想，但你永遠只是現在的你。

生命中並沒有「重播鍵」。事實既然已經將你帶到這裡，你只能面對。事實上，你根本不可能回到從前，就算真的回到從前，你可能也會做相同的決定，因為那時的你還沒有經歷現在的一切，不是嗎？

所以，不要去想「早知道就好」、「假如當初」、「要是那時」、「我當時若怎樣怎樣就好了！」這類的話，不要懊惱一些已經過去的往事或木已成舟的定局，要專注在你能改變的事情上。

印度詩人泰戈爾說過：「如果錯過了太陽時你流淚，那麼你也將錯過群星。」

人生注定要錯過的，就讓它錯過吧！但我們不能因此忽略眼前的美景，別忘了，走了太陽，還有月亮。

當你說「早知道」的時候，你想過嗎？這就表示你之前並不知道，既然不知道，你又能怎麼樣？

你說：「要是當時我這麼做……」但是親愛的朋友，「要是當時」你知道要「這麼做」，你就不會「那麼做」。要知道在事情發生的那一刻，任何事都是對的。如果你知道某個行為是錯的，那也是那個經驗帶給你的覺悟。

你說「假如當初」也是沒有意義的，過去的已經過去，我們不應該往後看，除非你能從過去的錯誤中獲得有用的教訓。如此，你的苦就不會白受。

你永遠料不到事情會怎樣發展

——你以為事情就是那樣，但事情跟你想的完全不一樣。

人生是一場永無止境的揭露過程，它會帶給你接二連三的驚奇，你真的無法知道事情會怎樣發展。

有個親戚最近買了間透天中古屋，事後卻覺得格局不好，只好忍痛大興土木。如果不是房間的牆遮住了客廳的視野，他也不會敲掉；若不是敲掉牆，房間的木地板也不會被破壞；若不是掀開木地板，也不會發現底下竟然有積水，而且已經發霉，還發出惡臭……。

所以說，當事情朝預期以外的方向發展時，結果很可能讓你意想不到。

你一定也聽過類似的事，比方說，有人因錯過火車反而躲過一場災難；失去了工作反而創造自己的事業；愛人移情別戀反而找到真愛……。原本以為是災難，結果反而因禍得福。

女詩人席慕蓉曾說：「在世間，有些人、有些事、有些時刻，似乎都有一種特定的安排。在當時也許不覺得，但日後回想起來，卻有一番深意。」

許多人都體驗過這一點——在事後。

蘋果電腦董事長兼執行長賈伯斯曾有感而發地表示，如果沒有休學的波折，他不可能創立蘋果電腦；如果沒有被趕出公司的打擊，就不會有之後的皮克斯動畫公司……。他形容在遭遇不順遂的當下，他曾覺得那是人生「嚴厲的苦難」，但事過境遷後，他回想過去，才赫然發現這些不順利，竟是他「人生中遇過最棒的事」。

世事本來就很難預料，不能只看眼前。

有個人，他有四個兒子。他希望他的兒子能夠學會對事情不要太快下結論，所以，他依次給他四個孩子一個任務，要他們分別離家去遠方看一棵桃子樹。

大兒子在冬天前往，二兒子在春天，三兒子在夏天，小兒子則是在秋天。

當他們都去過返家後，他把他們一起叫到跟前，形容他們看到的情景。

大兒子說那棵樹看起來就快要枯掉了，看不出任何希望；二兒子則說，不是這樣子，這棵樹已冒出青綠的嫩芽；三兒子說，樹上花朵綻放、充滿香氣，看起來十分美麗；小兒子不同意他們三人的說法，他說樹上結滿了果子、纍纍下垂，充滿了豐收與希望。

這個人對他四個兒子說：「你們都是正確的，因為你們四個人是在四個不同的季節前往看那棵樹，並且只看到其中一個季節的風景。他告訴兒子們不可用一個季節的風景來評斷人事物，不能只看眼前，要拉長時間看。」

在當時看到發生的事件，從來不能代表整個故事。你以為事情就是那樣，但事情跟你想的完全不一樣；故事只是到尾聲，還沒結束，你永遠預料不到事情會如何發展。

在人生的道路上，只有新的彎路，沒有錯的彎路。放輕鬆，事情跟你想像中的不一樣，也不一定有什麼不好。如果事事如你所想，人生便失去了偶爾得到的意外驚喜和可能性。想想，如果你的人生風景，從路頭就能看到路尾，不是很無趣嗎？

任何事物結束的同時，也是開始

——我們真正要改變的，是我們對「為什麼發生變化」的想法。

生命無時無刻都在改變，沒有改變就沒有成長，沒有成長，生命就會枯萎，甚至連樹木都很清楚。到了某個季節，舊有的葉子就會掉落到地上，騰出空間讓新的葉子生長。如果它們繼續抓住那些舊有的葉子，那新的葉子就沒有空間可以長出來了。

生命的變化也一樣，就像自然界的時序變換，每發生一次改變，我們就面臨一次轉變，在我們成功轉變的同時，也就放棄了一部分舊的自我，這是個不斷完成的過程。

所以，問題不在於生命改變了什麼，而在於為什麼改變。

為什麼要你改變？

生命之所以要你改變，是因為你已經停滯、沒有成長，你快枯萎了；你的生命裡之所以會有改變，是因為你要它改變。或許你不相信是你引發這些改變，但在形上學的層次上確是如此，那是你內在靈魂的召喚。（這部分可參考《微笑，當生命陷落時》一書）

但我為什麼會召來自己不喜歡的事？我為什麼要讓人生變得更壞呢？那是因為你用心智來看。從靈魂的觀點來看，任何形式的變化都能帶來成長和啟發；以生命成長的角度來看，並沒有「變得更壞」這回事。如果你要建造一個更好的房子，你必須拆掉舊有的房子，沒有人會說你是在破壞，對嗎？

破壞是為了要建設。在我們一生中，免不了會遇到類似的經驗：失敗、升遷、破產、生病、意外或生離死別。這些事以各種不同的面貌出現，但它們都會逼得我們不得不馬上改變平常的想法和行為模式。

你的遭遇會影響你的思考、感受、與他人的關係、在特定情境下的表現、面對處境的態度，這些都必須不斷演變，目的就是要你轉變。

我不知道你的生活有什麼改變，但我知道任何變化都會帶來痛苦與不安。因為所有改變都是具有破壞性的，即使是好的改變亦然。

如果你裝修過房子，你一定很容易理解生命的轉變，因為兩者的過程很像——舊的一切正在解體，新的一切尚未形成。人們在這個階段通常會感到煩躁困惑，這是正常的。

有個病人在住院期間，同時面臨婚變的雙重打擊，她心情變得陰晴不定，覺得自己快要瘋了。

我告訴她，她所經歷的其實是「汰舊換新」的過度期。

是的，如果她能意識到，她所經歷的是在改變過程中必然會有的感受，也許她就不會如此煩躁不安；如果她意識到，她所經歷的是成長必經的道路，她的心情也許會平靜下來；如果她能覺悟到，結束表示她的新生命即將開始，也許態度就完全不同。

詩人艾略特說：「開始就是結束，結束也就是開始，正是從結束之處讓我們重新開始。」

所以，雖然改變讓人難以接受、讓人害怕，我們還是應該歡迎改變。試著想像你所期待的事會發生，想像你擁有比現在更美好的人事物，就像歡迎一株春天冒出的嫩芽——一個新的生命。

記住，任何事物結束的同時，也是開始。如果我們繼續抓著那些舊有的葉子，新的葉子就沒有空間可以長出來，不是嗎？

面對改變，許多人之所以感到痛苦，是因為只看到外在的變化，卻忽略內在的轉變。

變化和轉變之間有一個重要區別：變化是外在生活的改變，轉變是內在生命的改變。

你的生活遇到了變化，但真正要轉變的是你。所以，問題不在於是否可以撐過去，而是用什麼態度面對。你會很樂觀嗎？還是挫折沮喪？你是積極面對，還是逃避呢？

我們真正要改變的，是我們對「為什麼發生變化」的想法。

當你明白所有故事都會有美好結局；只要你不再抱怨、惱怒、挫折或者不耐煩……，那麼你就可以改變對當下處境的想法——你就轉變了。這也是改變的目的。

還好，感情會變

——愛既可以為對方改變，也可以接受對方改變。

「為什麼我跟男（女）友之間的感情會越來越淡？」、「為何我們之間沒辦法再像從前一樣？」相信有不少交往中的男女，甚至已經結婚的人都有類似的心聲跟困擾。

沒錯，感情是會變的。愛的感覺可以日益增長，自然也可能日漸消退；陌生人可能變愛人，形影不離也可能變貌合神離。

有個女孩失戀了，終日以淚洗面。她想不通為什麼如此相愛的兩個人，如今竟失去了交集，變得貌合神離。

她每天向上天禱告，希望能跟男友重修舊好。

仁慈的天神聽到了她的心聲，於是出現在她面前，對她說：「我能夠實現妳的願望，讓他回到妳身邊，永遠愛妳。」

女孩聽了欣喜若狂。

但天神猶豫了一下，又對女孩說：「但是……妳真的要這樣嗎？妳要不要考慮一下？」

「為什麼？」女孩不明白。

「因為我雖然能保證他永遠愛妳，卻沒有辦法保證妳會永遠愛他。」天神解釋，「因為愛或不愛，只有妳自己的『心』可以決定。」

女孩又問：「那如果有一天，我不愛他了呢？」

「他還是會深愛著妳，這會讓他痛苦，也會讓妳痛苦。」

聽天神這麼說，女孩猶豫了起來。

天神笑了，摸摸她的頭，說：「孩子，如果連妳自己的心都沒有把握，又怎麼能奢望別人的心永遠不變呢？」

即使再怎麼好的感覺、再怎麼深刻的感情，也會流動變異。口味會變、性格會變、情緒會變、感覺會變、承諾會變、愛也會變……，其實你也在改變，誰能永遠不變呢？

人總以為愛就必須天長地久、海枯石爛，那也就是為什麼已經貌合神離，還「勉強」在一起；沒有了愛還「死纏爛打」。

還好，感情會變。就因為感情會變，才更需要經營；因為感覺會變，人才學會成熟處事；因為愛會變，人才懂得珍惜彼此。

所以，與其祈禱愛人不變心，不如讓自己隨愛而變，變得更貼心、更用心。

只有懂得變的人，才是真正懂得愛的人——愛既可以為對方改變，也可以接受對方改變。

如果你不願變，也許是你還不夠愛對方，或不愛自己。

當你愛一個人的時候，不能勉強自己不愛他，不能假裝自己不愛他；同樣的，當你不愛一個人了，也無法勉強自己去愛他，或假裝愛他。因為愛與不愛，只有你自己的「心」最清楚。

如果有一天，你不愛他，他還是深愛著你，這會讓他痛苦，也會讓你痛苦。反過來，他不愛你也一樣。

所以，如果你還愛著對方，何不放他自由？而如果你不愛他，為什麼不放自己自由？

我今天批評了別人什麼，是否自己也有相同的問題？

如果有機會，我想對曾經愛過的那個人說……

無常未必不好

——當平常變得不平常，不平常變得平常，那麼開悟已露曙光。

多數人聽到無常，會往壞處想，好像一切事物終歸消逝，一切努力都是枉然，因而感到消極；還有些人，聽到無常，心想：「既然凡事無常，歡樂稍縱即逝，何不及時行樂？」然而當歡樂過後，反而更加空虛與不安。

其實，無常並沒有什麼好壞之分。從有到沒有雖是無常，但從不好變成好也是無常；昨日的璀璨亮麗，不代表明日閃亮依舊；今日雷雨交加，也許明日會豔陽高照。「好的」會過去，「不好的」一樣也會過去。所以，無常未必是不好的。

人們會把無常看成負面，是因為人們希望好的永遠繼續下去，不好的永遠不要來。這當然不可能。有生必有死、花開必花謝；時有春夏秋冬、月有陰晴圓缺；人有悲歡離合、生老病死，天有風災、水災、地震等。這些都是常態，都是一種自然現象。

無常並不意味著痛苦、煩惱必定尾隨在後。人們之所以為無常所苦，是因為「不接受」。當你痛苦難過的時候，你注意過嗎？你一定是在抗拒，因為你不願接受那個事實，所以痛苦難過，對不對？

你不想接受，但它還是發生了，心裡越不能接受，感受到的苦就會越重。基本上，一切苦的產生不外乎此。

我們都希望一切不變，但不變真的就是好嗎？

假如世間一切都是定型的、都沒有變化，生命又怎麼可能精采動人？人若沒有生滅，老的永遠是老的，小的永遠是小的，又怎麼會有現在的你？假如沒有無常，那些有錢有勢的人不就永遠得意？落魄潦倒的豈不永不得翻身？那人又何必奮鬥？

無常是一種「可能」，或者更精確地說：「無常就是轉變的可能。」因為無常，人才有未來、才有轉機；因為無常，人生才充滿各種可能和希望。

一切現象不斷在變化是「平常」，在變化之中有許多新的現象發生是「正常」，變化之中沒有永恆不變的東西是「無常」。經常變化的東西雖不能永恆，卻不等於沒有。比方愛人離去，愛成了空，但愛的感受卻是真的，曾有的美好回憶也不假。就算人事不再，愛並沒有因此消失。

因緣聚合，緣盡而散。人要學習的是以平常心看待。因為知道無常，便曉得成敗得失來來去去，苦不會是永遠的苦，樂也不會是永遠的樂，都只是暫時的現象。就因為短暫，平常就該珍惜，而當無常到來時，也能以平常看待。

引自Lee Lozowick大師的話：「當平常變得不平常，不平常變得平常，那麼開悟已露曙光。」

你覺悟了嗎？

無常是正常，這是世間的本質，也是生命的真相。
認清無常，就不會徬徨；
了解無常，就不會抗拒；
看透無常，就得到解脫。
鈴木禪師說：「解脫不是放棄世上的東西，而是接受它們的離去。」
每件事物都是無常的，它們遲早都會離去，而解脫是一種不執著的狀態，能接受這種分離。

回到從前

——其實我們沒有失去什麼，只是回到從前的自己而已。

有個男子流年不利，先是遇上裁員而失業，又碰上金融風暴在股市賠光了所有積蓄，最後交往多年的女友也提出分手。

男子感到心灰意冷，萌生出家的念頭，於是到深山的一座寺院，拜託住持幫他剃度。

沒想到，這男子真是倒楣到家，竟然連出家的過程也不順利！住持認為他的心根本不定，所以拒絕了他的請求。

男子苦苦哀求，「拜託您不要拒絕我，如果連出家都沒辦法，我就只有死路一條了！」

住持淡淡地說：「這怎麼可能呢？你之前也沒有出家啊！那時的你，是怎麼活的？」

男子沮喪地說：「以前我還有女友，有心靈依靠，現在沒了！」

「在你認識女友之前，不也是一個人嗎？那時的你，是怎麼活的？」

「不一樣啊！我之前有工作，也有錢啊！」

「那你剛從學校畢業的時候，不是既沒工作也沒錢嗎？那時的你，是怎麼活的？」

住持說到這裡，男子陷入了沉思。

這時候，住持面帶微笑，輕拍男子的肩膀，說：「現在讓你感到痛苦的，不是沒工作、沒錢，更不是沒女友，而是『不想失去』。但別忘了，以前你沒有這些東西，都能活得好好的，現在沒有這些東西，一樣能活得好好的，你只是回到從前而已。」

「回到從前而已」，這句話把男子澈底打醒了。

我認識一個婆婆對媳婦很失望，每次提到媳婦就滿腹牢騷。後來她突然想開了，說：「反正我就當作沒這個媳婦！」沒想到當她這麼想時，心情反而舒坦。

我也聽說一位女明星曾因失去感情而難以自拔，後來她想通了，她發覺自己沒有失去什麼，只是回到原來的自己。

人就是太執著了，原本不屬於你的東西，為什麼變成「你的」之後，就認為非要不可，像工作、職位、財物、兒女、感情……，在沒有得到之前，日子不也過得好好的，為什麼失去之後，就變得痛苦不堪？

莊子在面對自己兒子死亡的時候，並沒有任何悲傷，旁人看了，很好奇地問：「難道你兒子死了，你一點都不悲傷嗎？」

莊子淡淡地說：「他沒出生前，我活得好好的；他在的時候，我還是這樣活；現在他走了，只是又回到沒有他的日子，有什麼好難過的？」

記得以前有一個電視綜藝節目，會邀請觀眾玩遊戲。有一次，有位觀眾過關斬將，眼看勝利在望，獎金就要拿到手了，沒想到一個疏忽，竟失去得獎的機會，現場觀眾都為之扼腕。主持人問這位觀眾是否難過，他聳聳肩說：「不會啦！反正我來的時候也是空手。」

想想，我們來到這世上本來就什麼都沒有，我們有失去什麼嗎？不，其實我們沒有失去什麼，只是回到從前的自己而已，不是嗎？

在沒有名字之前，你是誰？你就是你。更改名字之後你是誰？你就不是你了嗎？

你或許會以為你是你的名字、你名片上的職位；以為你是某人的愛人、配偶；以為你是孩子的父母；以為你是你的房子、車子、財產……。但這些都只是「你以為」而已，你一直想抓住它們，但它們都不是你。

假設水就是原來的你，將水倒入杯子裡，水會變成杯子的形狀，但是，你能說你是杯子嗎？不，你身為水的本質是不會隨著杯子改變而改變的。

而人們的問題就出在，太執著於杯子了。一旦對杯子執著，你就會忘掉自己是水的事實。然後，當杯子的形狀改變時，你就會忘了原來的自己是誰。

不圓滿本身就是一種圓滿

——就像月圓月缺，你不會說月亮是不圓滿的，對嗎？

什麼樣的人生不是圓滿的人生？
沒結婚生子不是圓滿的人生！
沒白頭偕老不是圓滿的人生！
身體不健全不是圓滿的人生！
沒一家團圓不是圓滿的人生！
沒功成名就不是圓滿的人生！
如果這是你的回答，我想你的人生一定很難圓滿。因為，你對圓滿的認知本身就是不圓滿的原因。

人真的很奇怪，老愛給自己創造烏托邦，然後當自己達不到時，就覺得有所缺憾。像許多人會給自己設定：要賺多少錢、獲得什麼職位、達到什麼理想……，要是沒得到呢？他對人生就不可能滿意。

有些人原本沒結婚，自己一個人也挺好，但當他認為沒結婚是一種缺憾時，就會覺得人生不圓滿。

結了婚的人常認為伴侶應該怎樣，當伴侶不如理想時，就覺得婚姻不美滿。

還有些人，雖然有了孩子，但他們認為，「應該生個男（女）孩才圓滿。」結果缺憾也由此而生。

所有的不圓滿都來自我們對圓滿有錯誤的認知。你沒發現嗎？就是這種認知，不斷地帶給我們挫折和失望。

你有一份穩定的工作，你現在就可以快樂，但你卻定一個條件：你要升到某個職位，你才快樂；你的孩子都已成家立業，這已經很圓滿了，但你卻有一個概念：一家人應該住在一起才幸福。這就是你不快樂的原因。

我認識一對老夫妻，幾個孩子分居各地，一家人難得團圓，他們常為此怨嘆。

他們沒體悟到，若不是相隔遙遠，又怎麼會彼此珍惜？若沒有分離的思念，怎能領略相聚的幸福？

我也發現許多人對愛有誤解，以為相愛就應該「百年好合」。其實，在愛裡並沒有完美結合這回事，所有愛的關係都必須包容某種程度的不合，而這正是愛的可貴之處。

你有你的缺點，他有他的缺點，雙方都不完美，但你們的關係卻可以是圓滿的。就像月圓月缺，你不會說月亮是不圓滿的，對嗎？

日本著名的記者及作家乙武洋匡，剛出生時四肢全無，醫生判定他為「先天性四肢截斷症」。醫院擔心剛生產的母親無法承受如此打擊，以嬰兒黃膽嚴重為由，不讓母子相見。

直到一個月後，院方在不得已的情況下，才讓母親與乙武洋匡見面。沒想到母親在見到他的那一剎那，脫口而出的一句話竟是：「好可愛啊！」完全出乎在場所有人的預期。

是誰說缺憾就不圓滿，每個人都是完整的。你看過不完美的樹木嗎？每棵樹都是完美的。它們在風中、雨中、陽光下擺動跳舞……，你看不出那種圓滿的喜悅嗎？

人生是殘缺的圓，正因為這圓不完美、有缺憾，才使我們產生了希望。最終你將領悟到，原來，人生的不圓滿就是一種圓滿。

對人生而言，圓滿是個相對的概念。絕對的「圓滿」意味著沒有希望。如果人生是圓滿的，也就走到了花殘葉落之際。

真正圓滿的人生，是從缺憾中領略的圓滿。月有陰晴圓缺，但月依然是美的，當你願意接受缺陷，缺陷也變成另一種美。

是誰說圓滿的人生就不該有缺憾。

從「評論家」變成「藝術家」

——完美就應該看到萬事萬物的美好，而不是老看不好的。

人們對完美常有誤解，總認為完美是一種「改變」的過程——假如我很醜，就想辦法變得美麗一點；如果對伴侶不滿，就認為對方需要改變；如果事情不對勁，就假設一定是哪裡出了問題、哪裡需要修正。

因此我們的人生永遠處在「整修」的過程裡。我們就像評論家一樣，忙著「找問題」、「挑毛病」，然而不論我們想轉變成任何一種美好的狀態，都會帶來不滿、批評、抱怨。那就是為什麼過於完美的人，過得往往都不怎麼完美。

有一次，一位禪師在畫畫時讓他的大弟子坐在身旁，他要徒弟知道，什麼樣的畫才是最完美的境界。所以，他非常努力，以求最完美的呈現。

然而，奇怪的是，他越是努力，他的畫就越是一團糟。

禪師覺得很不對勁，他越是求好心切，犯下的錯誤就越多，他不斷地邊畫邊搖頭：「不！這不夠完美。」

他畫了一遍又一遍，直到墨水用完後，禪師說：「你再去準備更多的墨水來！」沒想到徒弟出去準備墨水時，禪師畫出了完美的作品。

徒弟回來看到後驚訝地說：「師父，這正是完美的畫作！您是怎麼畫出來的？」

禪師笑了，他說：「我已經知道了，我一直努力想把它畫得完美，正是讓它變得不完美的原因。」

這就是我想傳達的。我們越想達到完美，就越覺得不完美；我們想修正的人或事越多，就發現越多問題，抱怨也就越多。

所以我常開玩笑說，你只要觀看誰最會挑剔或最常抱怨，就可以斷定他是不是「完美主義者」。

有位心理學家曾這麼告白，他說：「我曾經認為自己是一個完美主義者，我在每件事中都可以發現最小的瑕疵。但之後我發現我根本不是完美主義者，我是一個不完美主義者。如果我是完美主義者，我應該看什麼都看到完美。」

我完全同意，完美就應該看到萬事萬物的美好，而不是老看不好的，不是嗎？

佛陀說：「就因為我們一直在自身之外尋找完美，才使我們痛苦。」我們以為完美需要努力追求，那是錯的。其實完美並不需要追求，而是要放下那個努力，那麼現在就是完美的。

我聽說，有個人一心想在自己的院子裡種出一片漂亮的草皮，但他發現有好幾株蒲公英跟他作對。蒲公英越長越多，終於占據院子的一角。

他試了許多方法想把蒲公英從草皮上去除，噴農藥、換不同的肥料、把蒲公英一株株連根拔起……，最後，他只能求助於園藝店老闆。

「還有別的方法可想嗎？」他問。

「我的建議是，」老闆回答他，「你該學著去欣賞那片蒲公英。」

美好的人生也不是指沒有問題產生，而是要學會欣賞美好的人事物——讓自己從「評論家」變成「藝術家」，才是真正的完美主義者。

完美是虛構出來的，當下的狀況卻是真實的。

在這個世上，我們永遠不可能到達一個境地，在那裡一切都盡善盡美。生活中總有麻煩、缺陷、是非對錯，而唯有接納這一點並融入生活本質的人，才能活得圓滿快樂。

要記住，那些不完美、不如意，都只是人生的一部分，千萬不要讓它變成人生的全部。別讓一小片烏雲遮住所有的陽光。

我太過執著於哪些事物？

我的執著造成哪些問題？

是誰在干擾誰？

——並非事實在跟你作對，而是你沒跟事實妥協。

你靜靜坐在那裡，突然從很遠的地方傳來狗吠聲。這狗吠原本無傷大雅，但如果你非常排斥，「這狗為什麼叫個不停？」你心想，「牠的主人為什麼不把牠關起來？」你越抗拒，狗吠的聲音就變得越響，就好像那狗是對著你吠叫一樣。

你討厭某人，每次想起他就悶悶不樂，於是你告訴自己：「我不要再去想了！我要把他忘記！」然後你就忘了嗎？不，你越排斥，那個念頭和影像不但不會消失，反而更常出現。

有人找你麻煩，你只要不理他就好，如果你跟他對抗，就沒完沒了。我們都可以了解，只要有對抗，就會有衝突，就會有對立，而衝突和對立，又會引發憤怒、怨懟、攻擊、暴力，對嗎？

有件事大家必須了解，那就是，不管你排斥的是什麼，你所抗拒的「東西」絕對不會消失，只會更加干擾你。

有位年輕人去參加禪修，但他非常叛逆，不但反叛家庭、不服父母管教，在學校也屢犯校規。他跟每個人都合不來。後來他到了印度，在禪修中得到初次的美好體驗後，便報名去參加佛寺中的長期禪修。他決定要很嚴格地修行，讓自己變得平靜和諧。然而過了沒多久，他發現自己又陷入衝突。每天的例行工作讓他沒有時間持續禪修，訪客聲和偶爾行經的車聲會打擾他禪修，他也覺得老師沒給他足夠的指導，因此他的禪修成果不佳，心靜不下來。

有天，老師在一次集體禪修結束之後，把他叫來開導：「你和每一件事對抗。食物會干擾你、工作會干擾你、聲音會干擾你，甚至你的心也干擾你，怎麼會這樣呢？這不是很奇怪嗎？我想知道，當你聽到車子經過時，是它真的開過來干擾你，還是你走出去干擾它？是誰在干擾誰？」

乍看之下，似乎是那個情境造成干擾，其實不然，干擾是我們抗拒所創造出來的。

我們只要認為自己、別人或周遭的環境不對勁，就會產生排斥和抗拒的意識，而這個意識也就是造成干擾和負面情緒的原由。

每當情緒產生時，你可以檢視當下這一刻的感受。當下這一刻，你的內心發生了什麼事？你看到了什麼？你會發現，一方面你看到了心中所發生的事，另一方面你並不想接受那個正在發生的事，對不對？於是你的情緒受到影響，從不安、不快到發怒，甚至抓狂，干擾的強度取決於抗拒的程度。

所以，每當有人問我要怎麼阻止負面情緒，我的回答都一樣：首先你必須停止對抗你所抗拒的事。

你嘗試過很多次要改變周遭的人、事、物，你批評、抱怨，但是什麼事也沒發生。現在試試看：不要做任何事，讓每一刻都如實存在，不去評價它是「好」是「壞」，是「應該」或是「不應該」。不要把它變成一個問題。

事實既然是這樣，它就是這樣！如果你的伴侶有很多毛病、你的主管愛吹毛求疵、你的同事很沒水準、附近的狗吠很討厭、生活有很多問題……，那就照它本然的樣子接受它。

引自奧修大師的話：「如果以你現在的情況你過得並不好，你就必須花很多努力來變得更好；如果你能了解到人生就是這樣，當你接受所有的不好，那你將變得越來越好。」

總有一天你會覺悟，並非事實在跟你作對，而是你沒跟事實妥協。一旦你不再抗拒，你的心自然會平靜下來。

世界本來就沒有所謂的問題，生命除了我們製造出來的問題之外，並沒有問題存在。是的，問題是我們自己創造出來的，而我們卻試圖要解決問題，那怎麼可能？

套句知名足球教練文斯．隆巴弟的話：「因為你在做一件錯事，所以即使認真地去做，也不會使這件事變成對的。」

那難道說我們要放任問題不管？不，放下問題，並不是放任不管。而是當我們願意放下時，每件事情都會變得不同，然後每一樣東西都會改變，因為放下之後，我們就不再相同。

當問題「不再是問題」，問題自然消失不見，不是嗎？

我們無法控制我們無法控制的事

——如果你能控制好自己，最後你將發現，其實你也能控制一切。

你會因為無法控制別人而生氣嗎？

有個先生常因等太太一起出門，等得不耐煩而生氣，而一再被催促的太太也很生氣。他們從結婚以來一直都是這樣。

為什麼呢？因為先生無法控制「動作慢」的太太，而太太也無法控制「性急」的先生，他們想控制自己「無法控制」的事，這就是一再生氣的原因。

我們無法控制我們無法控制的事。

所以我們應該先了解，什麼是我們能控制的，什麼是不能控制的。

你能控制天氣嗎？你能控制別人的個性嗎？你能控制他人對你的態度嗎？你的婚姻、小孩、健康、事業、人際關係，都是你能決定、按你的期待發生的嗎？在工作上你可以決定晉升嗎？在投資上你可以保證獲利嗎？你能確定你愛的人一定會永遠愛你嗎？你對一個人好，他就會對你好嗎？

那是不可能的，這些都是我們無法控制的事。如果我們耗費時間和精力在自己無法控制的事情上，我們只會變得更無力，把自己變成受害者。

那我們能控制什麼？我們能控制的是自己。包括我們的態度、選擇，以及如何看待發生在自己身上的事情。說得更簡單一點，我們能控制的是自己對事情的反應。

有個學生，她代表參加一場球賽。球賽舉行的前一個禮拜，她聽說敵隊有位球員嘲笑她球技差，她沒有將這些批評一笑置之，反而義憤填膺，氣得不得了，整個禮拜都在想這件事。結果由於她太力求表現，反而連連失誤，最後輸掉了比賽。

這是誰造成的？是敵隊的球員造成的？是壓力造成的？是裁判造成的？還是她自己造成的？

答案是她自己。因為她把心思全放在控制不了的事情上（別人對她的評語），以至於失去了她唯一能控制的東西，也就是她自己。

想像一下，有個人在街道上走著，突然有部車從巷子裡衝出來，差一點撞到他。這個人可能會有幾種反應。

第一種，「憤怒反應」：他可能對這部車大罵，或衝向前去找駕駛理論。

第二種，「受害反應」：這次的經驗讓他從此走在馬路上都提心吊膽，並把他的經歷對別人重複講上好幾次。

第三種，「漠然反應」：他覺得沒什麼，繼續向前走。

第四種，「同情反應」：他覺得這樣開車實在很危險，他為對方祈禱，希望他能平平安安。

發現其中的差別了嗎？同樣的狀況，卻有完全不同的結果。為什麼呢？這其中的差別就在於你如何反應。

你或許無法控制意外，但你可以控制你對意外的反應。

你或許無法控制伴侶，但你可以控制你對伴侶的反應。

你或許無法控制別人的惡行，但你可以控制對惡行的反應。

在人生中，大部分的事情都是我們無法控制的，你唯一能控制的就是自己。而如果你能控制好自己，就能控制一切。就像前述那對夫妻，若能改變一下自己的反應，又怎麼會每次出門都生氣？

反之，如果你想控制「你無法控制」的人事物，它就會反過來控制你。像前述那對夫妻，不就被彼此的憤怒所控制了嗎？還有那個學生，不也被敵隊的那位球員所控制了嗎？

是的，就看你如何反應。

你無法阻止下雨，但你可以撐起雨傘；
你無法平息海浪，但你可以乘浪而行；
你無法改變容貌，但你可以展現笑容；
你無法控制別人，但你可以改變自己；
你無法預知明天，但你可以把握今天；
你無法決定生命的長度，但你可以決定寬度。
你無法控制發生在自己身上的事，但你能控制自己對這件事情的反應，進而影響接下來會發生的事。最後你將發現，其實你也能控制一切。

讓上帝幫你駕駛吧！

——你想要掌控生命，但是上帝希望你把生命交給祂。

不久前，我去看一場表演，因為舞台太小，演員在做迴旋翻滾時都快跑到舞台邊緣了，結果整場表演我一直在擔心，深怕有人會摔下來。平日我坐車時，也總是緊盯著司機，想確認他是否穩穩當當地駕駛。有次我搭乘遊覽車行經中橫，我就這樣一路盯著司機，擔心他的技術，擔心他不夠專心。但我坐在乘客座上，這樣盯著司機又能改變什麼呢？

這時我才恍然大悟，我是在為不必要的擔憂浪費氣力，我出來的目的是觀賞山巒美景，但現在我卻視若無睹，滿腦子想的都是車子會不會翻落山谷……。

印度大乘佛教寂天菩薩說過：

如果問題解決得了，何必擔心？

如果問題解決不了，何用擔心？

與其擔憂問題，不如尋找解決的方法。如果問題解決不了；如果問題不是你能控制的，那就根本不需要擔憂，因為再擔憂也於事無補，不是嗎？

在這種情況下，就交給上帝去掌控吧！

將生命的不安定交給上帝，信任上蒼的安排，還有什麼好擔憂的？既然大自然的一切都是上帝睿智的安排，我們必須相信，發生在我們身上的事情，必定也會是最好的安排。你越早交出，你的心也越能放下，這是我的體悟。

你是否聽過這個故事？有一個人在走過了最艱難的一段路之後，因為在路上只看見一道足跡，而認定上帝遺棄了他。他問上帝為什麼在他最需要的時候不在他身邊？上帝告訴他，他之所以只看到一道足跡，是因為上帝一直背負著他。

你想要掌控生命，但是上帝希望你把生命交給祂。在最困難的時候，你能不能把自己放下，相信上帝。

在生命裡，有太多我們無法掌控的事，就像一旦坐上了遊覽車，所有的方向、旅程、速度，都已交由駕駛掌控，我們毋須做什麼、努力什麼，因為在車上奔忙，並不會比較快到達目的地。何不試著放鬆心情，享受沿途的風景，就讓上帝幫你駕駛吧！

生命宛如一條河流，你只要放輕鬆，河流怎麼流，就隨著它流動，跟隨那河流翻山越嶺，流經小溪，穿過平原。

如果你不在乎去哪裡，你就不可能迷路；如果你是高高興興地去，那每一條路都將是美好的道路。

你毋須擔憂，也不需要努力，只要完全放開來，順著河流走，最後一定會流入大海。

這也將會改變！

——你覺得快過不下去，其實你只是和自己過不去。

從前在印度，有一個富有的老人，死後留下兩個兒子。兄弟倆按照印度傳統風俗同住在一個屋簷下好一陣子。時日一久，他們開始有爭吵，於是決定分家，將所有家產平均分配。但是兄弟倆均分好之後，卻發現一包被父親仔細收藏的東西。打開後看到兩只戒指，一枚上面鑲有一顆值錢的鑽石，另一枚則是普通的銀戒指。

一看到鑽戒，哥哥立刻起了貪念，於是告訴弟弟說：「我認為這枚鑽戒是祖先留下來的傳家寶，這是父親之所以將它另外收藏的原因。因為是代代相傳之寶，就應該繼續傳下去。我是長子，自然該由我保存，而你就拿那枚銀戒指吧！」

弟弟笑著說：「好！我很高興有銀戒指，但願鑽戒能使你快樂。」兩人分別戴上戒指，就分道揚鑣了。

弟弟離開後心想：「父親保存鑽戒的理由是可以理解的，但保存這只不值錢的銀戒又是什麼道理？」於是他仔細檢視這枚銀戒指，發現上面刻了幾個字：這也將會改變。

「喔！這一定是父親留下的箴言了：『這也將會改變』。」他又將這枚戒指戴在手指上。

兄弟倆後來都經歷了人生的高低起伏。遇到順境時，哥哥變得趾高氣揚，喪失了心態的平衡；遇到逆境時，則變得極度沮喪，同樣沒保持心態的平衡。他變得焦躁易怒、失眠，身體健康每況愈下。

至於戴著銀戒指的弟弟，雖然際遇也是有起有落，但他每次看到戒指就想：「這也將會改變。」當好運改變時，他會這麼想：「我早知道它終究會改變，沒什麼好擔心的。」當遇到逆境時，他同樣看著戒指，心想：「這也將會改變。」他了解逆境終會過去，並沒有沮喪痛苦。果然，逆境過去了。他體會到人生各種際遇是不會永遠不變的，所以凡事都能以平常心看待，終其一生過著安詳幸福的生活。

不要對人生的起起落落太在意。幸福會來，不幸也會來，生意有得有失，境遇有好有壞，生命中的人來來去去，所有狀況都是暫時的，沒有一件事會永遠不變。我們會覺得痛苦沮喪，全因為我們患得患失，心才會難以平靜。你覺得快過不下去，其實你只是和自己過不去。

達摩說：「得失從緣，心無增減。」一個覺悟的人，懂得隨遇而安，當陽光燦爛時，去享受，但是不要執著；到了夕陽西下，夜幕低垂，也毋須感傷。引自鈴木禪師的話：「不會永遠如此。」

是的，不會永遠如此。不管你現在是得意或失意，這也將會改變！

人生的軌道就像一個圓，無論苦樂，人們都在裡面循環著。很多現在讓你痛苦難過的人事物，過去也曾讓你渴望不已；現在讓你喜愛的人事物，也許未來會讓你痛苦難過。

所羅門王便將「此事亦將會過去」這句話刻在他的戒指上，以隨時提醒自己要珍惜好時光，並安然度過不好的處境。

看看花開花落，或許感傷，但我們知道不久花兒會再開。在生命當中，所謂的開始和結束都是假的，沒有什麼東西是開始，也沒有什麼狀況是結束。每樣東西都在變化，每種狀況都會改變。

沒有永留不去的黑夜，也沒有永不到來的白天；當寒冬來臨，春天就不會太遠了。一切都會過去！

一切只會變得更好

——天真的很黑的時候，星星就會出現。

這世上，沒有任何事物會變得更壞，一切都是好事，一切只會變得更好。

這是真的，我知道一般人很難相信。如果有人剛被欺騙、受到傷害或失去工作、失去至親，一定會認為這根本是胡扯，當然更不會相信這是什麼好事。

在課堂上，學生們也曾提出各種質疑，「我跟男友分手」、「我家遭小偷」、「我最近生病送急診」……，這難道也是好事？

是的，這都是好事，我說。會跟男友分手，表示妳不愛他，或是他不愛妳，兩個不相愛的人能分手，不是好事嗎？

家裡遭小偷，也是好事。我敢說至少你以後會特別注意家中安全，而且也會少買太貴重的物品，對嗎？

那生病呢？這難道也是好事？沒錯，這樣你才會開始注意身體健康、改變飲食或作息、定期做健康檢查，說不定還會開始運動……。如果你沒生病的話，也許你永遠不會這麼做。

好處還不只這些。如果病得夠嚴重，你還可能因此改變人生觀，對生活和工作的態度也會不同，這一切只會把你帶往更好的方向。任何你經歷過的倒楣事，都是同樣的道理。

你應該也聽過有人感謝他們所經歷的災難，那些原以為是災難的事，最後卻成了祝福……。

一個女企業家回憶過去，當她談到造成她婚變的第三者時，她說：「還真應該感謝她，若不是她的出現，我的婚姻仍停留在一灘死水的狀態，我也不可能離開他，更不可能自己創業。」

有位嗜酒如命的病人，在一場意外後脫胎換骨，他告訴我：「若不是那場意外，我一定還是老樣子。」

一位事業有成的朋友也曾告訴過我：「我很感謝當初那個處處找我麻煩的同事，要不是他，或許我還留在那家公司。」

一位傑出的直銷商說：「如果我沒被解僱，或許永遠不會進入這個行業。以前我擁有穩定的收入，一直以為自己會就此終老一生。現在我相信，上帝有時候會刻意攔住前路，讓我們轉換方向。」

我聽過許多這樣的故事，雖然各異其趣，但卻有個共同點：最嚴重的危機，往往成為一生的轉機。

我想起一則故事：二次大戰期間，一艘船被炮彈擊沉，全船只有一個人倖存，漂到一座孤島，在島上堅苦地活了下來。

他感到非常無助，只好天天站在島上搖舉白旗，希望有路過的船隻來救他，可惜一直都不能如願，他真是失望透了。

有一天，他千辛萬苦搭蓋的茅屋，不知怎麼回事突然起火，火勢一發不可收拾，把他所有的家當燒個精光。

他簡直無法相信會發生這樣的事，傷心之餘，不禁埋怨上帝說：「我隻身在這個小島上已經夠慘了，怎麼連唯一的棲身之處和僅有的一點東西都化為灰燼，老天啊，你為什麼要逼我走上絕路？」

正當他沉浸於傷心和絕望中時，忽然有人駕船來救他。他驚喜之餘，不解地問來人：「你怎麼知道島上有人？」

救他的人說：「我們起先也不知道，但看見島上火光沖天，覺得很奇怪，船長就派我們來看看，沒想到真的有人。」

他起初的埋怨全變成由衷的感激，原來上天借這把火救了他。

南非有句諺語：「凡是禍患，皆是福根。」

我的人生經歷過幾次挫折，每當跌入谷底時，我總會告訴自己：「前頭有個更大、更好的東西等著我。」是的，如果現在已經到了谷底，那也代表你正準備往上爬，事情只會越來越好。

最黑最暗的時刻，也就是最靠近光的時刻；在生命最挫敗的時候，往往會出現最好的機會。

這是真的，一切只會變得更好！

請回顧你生命中曾經有過的混亂與挫敗。
它們有沒有為你的生命打開另一扇門？
你有沒有因而更堅強或更聰明？
你有沒有因此學到了經驗或教訓？
《天地一沙鷗》的作者李察·巴哈說得對：「沒有一件麻煩沒有連帶附一份禮物給你。」
無論碰到什麼事，試著去看種種可能性，想想看：「這件事情有什麼好的一面？」每一個逆境都有祝福，每一個災難都帶來一份禮物。
記住，天真的很黑的時候，星星就會出現。

金幣在哪裡？

——所有的寶物，不在外面的世界，也不在別人身上，它就在你垂手可得的地方。

從前有個開羅人，一天到晚想發財。日有所思，夜有所夢，有一夜，他夢見從水裡冒出一個人，渾身溼淋淋的，從嘴裡吐出一個金幣，並對他說：「你想發財嗎？有成千上萬的金幣正等著你呢。」

開羅人急忙問：「在哪裡？在哪裡？我當然想發財，我想得都快瘋了。」

「好，」那吐金幣的人說，「想發財，你就得去伊斯法罕，只有那裡才找得到金幣。」說完就不見了。

開羅人醒過來，輾轉反側，再也睡不著。

「天哪！伊斯法罕遠在波斯啊，我到底該不該去呢？去，我必須穿越阿拉伯半島，經波斯灣，再攀上扎格羅斯山，才到得了那山巔之城。我很可能死在半路。」開羅人想，「但若是不去，我這輩子大概就發不了財了。」

去，他不見得一定能發財，誰能相信夢裡的事？但是不去，他必定會悔恨。

經過幾天內心的掙扎，開羅人還是決定冒這個險。他千里跋涉，歷經了許多艱難險阻，終於風塵僕僕地到達了「山巔之城」——伊斯法罕。

但是，開羅人來到伊斯法罕後，發現這個國家不但窮困，而且土匪橫行，他隨身帶的一點值錢的東西都被土匪搶走了。

好在當地的警衛即時趕到，將土匪趕跑，救了奄奄一息的開羅人，並餵他吃東西、喝水，將他救活。

「看樣子、聽口音，你不是本地人。」警衛隊長說。

「我從開羅來的。」

「什麼？開羅？你從那麼遠、那麼富有的城市，到我們這鳥不生蛋的伊斯法罕來幹什麼？」

「因為我夢見神給我的啟示，只要到這裡來就可以找到成千上萬的金幣。」開羅人坦白地說。

警衛隊長大笑起來，「笑死我了，我還常做夢，夢到自己在開羅有個房子，後面有七棵無花果樹和一個水池，池底藏著好多金幣呢！真是胡說八道，快滾回你的開羅吧，別到伊斯法罕來說夢話了。」

開羅人衣衫襤褸、一無所有地回到了開羅，鄰居看他的可憐相，都笑他瘋了。

但是，回家沒幾天，他竟變成開羅最有錢的人。因為那警衛隊長說的七棵無花果樹和水池，正在他家後院。他在水池底下，挖出成千上萬的金幣。

故事中的開羅人有沒有白去伊斯法罕一遭？當然沒有！雖然金幣就在他自己家裡，但他不去，就不會知道。

我們的一生不也像這樣嗎？每個人都到遠方找尋寶物，財富、權力、前途、夢想、幸福、快樂……，每樣東西都是你的寶物，否則你不會用心去找，對不對？

但你找到了嗎？

你以為關鍵在金錢、權力、聲望，但隨後你見到那些有權有勢、有名有利的人也在找尋，所以財富不是答案，名望也不是答案，因為即使得到再多，你還是覺得空虛、不滿足，你沒找到寶物，反而尋到了煩惱。自然而然，你開始懷疑人生有何意義？是不是白忙一場？

但從你疑惑並試圖尋找答案的那一刻起，答案便已出現。這分自覺，就是覺悟的開始，就像警衛隊長的一番話。

所有的寶物，不在外面的世界，也不在別人身上，它就在你垂手可得的地方。

回到你的家，答案在那裡，不在外面。

找到你自己，回頭看看自己，不是別人。找了大半生，你永遠也不可能在別人身上找到你自己。

回到你心裡，你要的寶物——幸福、快樂、富有、滿足，都在這裡。

每天你攜帶著自己的寶物，還到處問別人你的寶物在哪裡？傻瓜！

這不是白忙一場嗎？

——無論擁有或失去，都只是為了幫助我們成就圓滿的生命。

生命就像捧在手裡的水，從擁有生命的那一刻起，無論我們的十指如何拚命併攏、如何小心翼翼，水還是無情地一點一滴滲漏。凡是我們牢牢抓在手上的東西，終究會離開我們，只是時間早晚的問題。

人生就是在擁有和失去之間不斷循環。當我們擁有越多，相對地也失去越多，失去越多相對痛苦也就越多。

既然如此，大家不免要問，既然擁有的最終都會失去，而失去又會帶來痛苦，那又何必擁有？這不是白忙一場嗎？

當然不是。就拿愛情來說，多數人都有分手的經驗，如果說既然早晚會分手，為什麼還要交往？那請問，人早晚都會死，為什麼還要活？

其實就因為有悲歡離合，愛才精采動人，人們才能從中學到人生課題、體驗到什麼是愛，不是嗎？若什麼都不做，到老時驀然回首，發現沒有一點值得回憶的愛恨纏綿，那才真是白活了。

說一則故事。

有一隻狐狸，在路上閒逛，眼前忽然出現一個很大的葡萄園，裡面果實纍纍，每顆葡萄看起來都很可口，讓牠垂涎欲滴。

葡萄園的四周圍著鐵欄杆，狐狸想從欄杆的縫隙鑽進去，卻因為身體太胖了，鑽不過去。於是狐狸決定減肥，讓自己瘦下來，牠在園外餓了三天三夜後，果然變苗條了，終於順利鑽進葡萄園內。

狐狸在園內大快朵頤，葡萄真是又甜又香啊！不知吃了多久，牠終於心滿意足了。但當牠想溜出園外時，卻發現自己又因為吃得太胖而鑽不出欄杆，於是只好又在園內餓了三天三夜，瘦得跟原先一樣，才順利地鑽出園外。

如果我們從結果來看，這狐狸似乎白忙了一場。但重點在哪裡？重點是在過程，你看這狐狸在葡萄園內吃得多麼快樂、多麼享受啊！即使最後肚子還是空的，也了無遺憾，這才是關鍵。

生命也一樣，不是因為失去而白活，欠缺體驗才是白活。

一般人因為擁有而喜悅、失去而悲傷，所以總是患得患失。一個覺悟的人不會如此，因為他知道過程才是最重要的，無論擁有或失去，都只是為了幫助我們成就圓滿的生命。

曾讀過一個寓言。上帝問三個凡人：「你們來到人間是為了什麼呢？」

第一個回答：「我來到這個世界是為了享受生命。」

上帝給他的答案打了五十分。

第二個回答：「我來這個世界是為了承受痛苦。」

上帝給他的答案也打了五十分。

第三個回答：「我既要承擔生命給我的磨難，也要享受生命賜予我的幸福。」

上帝給第三個打了一百分。

因為前兩個只答對了一半，第三個才完全答對。

沒錯，既要承擔生命給我的磨難，也要享受生命賜予我的幸福，才是滿分的人生，才是圓滿的生命。

人生有得必有失，而失去是必然的結果，因此如何看待就顯得非常重要。如果你認為失去的東西，就像你身上切下來的一塊肉，當然會覺得傷痛。

相反的，如果我們能從成就圓滿生命的角度來看，不再沉溺於痛苦的感覺當中，你會發現：在失去的同時，也得到了什麼，或許得到的東西比失去的更為珍貴。

人生重要的不在「失去什麼」，而在「學到什麼」。

所以，不要從「失落」、「失敗」的角度看事情，試著想想「得到了什麼」，並學習思考得失的相對性。

要不是過去的失敗，你可能有現在的成功嗎？

要不是走錯了路，你會發現這條新的路嗎？

要不是分手，你有機會跟現在這個人在一起嗎？

要不是曾經錯失了那些，你可能擁有現在這些嗎？

得失之間，全以你的視野而定——

如果你只看眼前，也許是失去；如果拉長時間來看，反而是得到。

如果你注意的是失去，你就只有失去；如果你看見的是得到，你就真的得到。

這件事是我生命中的挫折，也是最大的禮物。

你在哪裡遺失快樂？

——那些到遠處找尋快樂的人，是把歡樂從心裡遺忘的人。

當我們站立或走太久，會覺得累，這是苦；此時若讓我們坐在椅子上，會覺得很舒服，苦就變成樂。

然而要是坐太久，又會開始不舒服，我們就會想站起來或走動一下，而當我們站起來，舒服不了多久，又覺得累了，這個樂又轉變成苦。

我們可以在日常生活中看到自己重複這樣的過程：出國旅遊很快樂，但回來要整理心情、衣物，以及積累待辦的事物，原本的快樂就變成負擔。

吃美食很快樂，但你能吃多少？要是你吃太飽，胃不舒服，那種快樂的經驗就會變成一種痛苦。

你可能想做生意或買房子，需要從銀行貸款。若你貸不到，便會沮喪；如果銀行同意借錢，你又感到快樂，但你的快樂持續不了多久，因為利息將開始累計，過一陣子那將成為你的痛苦。

得不到所愛的人，讓人痛苦；若得到了，又變得開心；得到了卻發現對方沒有原先想像的美好，更讓人痛苦。

成功會帶來短暫的興奮與愉快，挫敗會將我們推向絕望的深淵，但遲早我們的內心還是會回到原點。加薪、聚餐、新衣、讚美，都讓我們雀躍不已，但是很快的，美好的心情又會消失。這就是我們所謂的快樂嗎？

一個有覺知的人就可以看出，這樣的快樂說穿了，是外在感官和欲望的滿足，那都是短暫的，而且是和痛苦交替的；這樣的快樂只是享樂，而不是喜樂。真正的喜樂發自內心，你不可能在外頭找到，因為它不在那裡。

說一則流傳久遠的故事。

有一天傍晚，有個人在自己住家小屋前的路燈下找來找去，天色漸漸變暗，附近的一些人好奇地問她說：「妳在找什麼？什麼東西掉了嗎？」

她說：「我的縫衣針掉了。」

「要不要我們幫妳找？」人們說，「路這麼大，針那麼小，妳是在哪裡弄丟的？」

那個人說：「在我的房子裡。」

大家聽了都笑了起來，「如果針是掉在家裡，那妳為什麼跑到路上找呢？」

她說：「因為我家裡沒有燈，外面的路燈比較亮。」

如果針是掉在家裡，跑到路上怎麼可能找得到呢？

這寓言深富啟發。我們也像這樣，不斷在外頭尋找快樂，但你可曾想過：「自己是在哪裡遺失它的？」

你是在哪裡遺失你的快樂的？

最好在你往外尋找之前，先看看你的內心。你的內心喜樂嗎？

你知道喜樂是什麼嗎？它就是歡笑，對萬事萬物都感覺快樂，沒有任何原因的快樂。你去注意快樂的人吧，最快樂的人並不是最有錢、長得最美或擁有最多的人。因為快樂不是來自我們擁有的東西，快樂是一種內在的湧現，就像小孩一無所有，一樣可以很快樂，對嗎？

快樂與成功無關；快樂與職位無關；快樂與身材、金錢無關。快樂只和你的內在喜樂有關。引自梭倫・齊克果（Soren Kierkegaard）的話：「一個人向外追求，認為他的快樂存在他的身外，最後他轉而向內，發現泉源是在他的內心。」那些到遠處找尋快樂的人，是把歡樂從心裡遺忘的人。

所以，不要一味地向外，你必須轉一百八十度，開始向內尋找。一旦你能對你現在這樣、對平凡的自己感到快樂，那快樂就永遠與你同在——這才是永恆的快樂。

從我們出生的那一天起，我們就在努力追求能讓自己快樂的事物。當然，想讓自己快樂並沒有錯，但問題就在，我們得到這個，不久又想要那個，每當我們擁有什麼就想要更多，更多的欲望就會產生更多的不滿，而要是快樂的事物沒有出現，我們會感到憤怒、困惑、失望、焦慮、沮喪，我們的痛苦就是這麼來的，不是嗎？

你想過嗎？當你快樂時，又怎麼會有這麼多的欲望？當你有那麼多欲望時，又如何能快樂呢？

不要再追尾巴，而是去搖它

——現在過得不好，並不會使未來變得更好。

人生的目的是什麼？

當我問學生，得到的回答不外是立大志、做大官、成大業、賺大錢。於是情況就變成：為了達成這個目的，必須犧牲享受、必須艱忍不拔，過著苦哈哈的日子。你想：只要熬過這段痛苦日子，美好的未來就會到來。

但事實真是這樣嗎？當員工很辛苦，當了老闆就不辛苦嗎？當小官很苦悶，當大官就不苦悶嗎？沒錢很煩惱，有了錢就沒煩惱嗎？這當然是謬誤。你相信媳婦熬成婆，當了婆婆從此就可以享受了嗎？你相信戀愛很痛苦，度過痛苦的戀愛，結婚後就會過得幸福快樂嗎？

不，現在過得不好，並不會使未來變得更好。

你可能常為自己訂下類似「要升上某個職位、要賺到多少錢、得到某些東西、完成某個計畫」的目標，並因為沒達到而不開心。但你是否想過，為了追上你想要的目標，你犧牲了多少快樂？

《塔木德經》記載著這樣一則故事。

拉比看見一個人行色匆匆地趕路，就將他叫住，問說：「你在急什麼呢？」

「我要趕著追上成功。」這個人氣喘吁吁地回答。

「你怎麼知道成功在你前面呢？」

拉比繼續說：「你拚命往前跑，一心一意只想追求成功，可你怎麼不看看四周？問問自己要的成功究竟在哪裡？也許它正在你後面追趕著你呢？事實上，只要你靜下心來，它就能與你會合，可是你卻越跑越快，反而逃離了自己的成功啊！」

快樂也一樣，你毋須做任何事才能變得快樂。事實上，你總是因為做太多才變得不快樂。

我想到一則笑話：一個美國人到大溪地度假，當他看到大溪地人在編草帽時，滿臉悲憫地說：「如果你能更積極點、勤快點，不就可以多賺一點錢！」大溪地人問：「賺多點錢做什麼？」美國人得意地說：「像我一樣到大溪地度假呀！」大溪地人一臉疑惑地說：「你辛苦一年，只為了到大溪地過一個星期，我卻是一整年在大溪地享受生活，我為什麼要學你？」

我們的迷失就在於——總是不斷追求遠方的事物，卻不懂得享受手中已有的幸福。

所以，如果你想快樂，首先要做的就是停止「追求快樂」。追逐快樂就像一隻貓試圖抓住自己的尾巴，當牠追得越快，尾巴也跑得越快，旁人看到這種情形，都了解牠的荒謬，但是貓看不到，牠非常努力，這就是發生在人們身上的情形：試圖要「追求快樂」，卻反而過得更不快樂。

這個周末想出去散心，又怕耽誤寫作的進度，後來我想了想：我寫過的書已經超過四十本，如果我必須等到完成「這本書」才讓自己快樂，又憑什麼相信寫完這本書就會快樂？我必然又在等待完成下一本書，那是沒完沒了的。

我不想再去追趕我的尾巴，我打算快樂地搖著它。

快樂其實不需要「達成某個目標」，也不需要「完成某個夢想」；要體驗快樂，並不需要等到長大、等到考上大學、等到完成工作、等到結婚生子、等到賺夠了錢、等到退休……。

一切美好事物都在我們身邊，如果你有覺知的話，現在你就可以快樂。

我們每個人拚命努力，無非是希望有朝一日能過「好日子」，卻沒想到如果懂得去經營生活，那種「好日子」馬上就是你的了。

最用心感受的人最享受

——擁有不見得有感受，然而只要你懂得欣賞，你就能享受。

假如有一群人一起出去旅行，每個人都走同一條路，到同樣的地點，看同樣的風景，你猜哪個人會最享受？

猜對了嗎？答案是：最用心感受的人最享受。

每個人的財富地位或許有高低之分，但對幸福的感受並沒有高低之別。幸福不是有錢人、有權人的專利，而是看你的感受力。

就像你喜歡去某個朋友家，關鍵絕不在於它位在哪個地段、花多少錢買的，而在於主人給客人親切自然的感受，對嗎？再多的奢侈品、再頂尖的名師設計、再高級的立體音響、高畫質的電視……，都不能取代主人給你的感受。

我們對生活的感受也一樣，都來自內心。一個有錢人可以擁有任何東西，但如果欠缺感受，就不可能歡喜愉悅；如果一個人懂得用心去感受，即使是窮人，也可以感到綿綿的喜悅。

許多人埋怨生活無聊，覺得無趣，這些埋怨都起因於我們對生活感受力太差。

感受必須來自內心，唯有如此，那個感動才會發生。當一隻手碰觸你，你感覺到的並不是那隻手，而是那股溫暖和關懷；當我們喝一口茶，喝進去的並不是茶，而是那整座山，是那座山林的陽光、空氣和水，都進入你的內在……，去融入那樣的感覺。

光著腳丫，到沙灘上、草地上跑跑跳跳，感覺你的能量流過你的腳、透過你的腳掌傳到地面上。然後靜靜地站著，根植於地，感覺你的腳與地面的交流，一旦感覺甦醒過來，你內心的喜悅也將跟著活起來。就像你的手臂或腿麻木後，再度恢復知覺。

愛因斯坦有句話最令我印象深刻，他說：「你有兩個人生選項可以選擇。首先是將所有的事情都看得平淡無奇；另一個選項則是，將一切事物都看成是一項奇蹟。」

如果你知道如何去欣賞，一朵花、一片葉、附近的公園、河流、星辰、月亮，到處充滿驚喜；如果你知道如何去享受，你就不會一直想著金錢，我們之所以一直想著金錢，就是因為忘了去感受，生命才會變得如此空洞無趣。

人們花了錢、花了時間去擁有，卻還不見得真的有感受，然而只要你懂得欣賞，你就能享受。

蘇東坡寫過一首詩：「惟江上之清風，與山間之明月，耳得之而為聲，目遇之而成色，取之不盡，用之不竭，是造物者之無盡藏也。」

想想，如果你視若無睹，青山綠水又有什麼意義？如果你對擁有的東西毫無感受，有跟沒有又有什麼差別？

那些汲汲營營於累積錢財，而沒有時間享受、沒用心感受的人，才是真正貧窮的人。

幸福不在於「擁有」多少，而在於「享有」多少。

滿足感也不是去滿足你想要的，而是能感受到：你所擁有的，已是那麼足夠。

有些人認為，可以睡好覺就是幸福；也有人認為，看到孩子一天天長大就是幸福；或是有人認為每天下班，喝一杯熱咖啡就是幸福……，幸福的感覺從不曾離開我們，只是我們認不認為那是一種幸福？

你對生活越有感受就越幸福。

從此不再煩憂

——世界上有千百萬種煩惱，解決的方法只有一種，那就是覺醒。

有一個富翁跑去找佛陀，請求開示，他說：「我聽說你是普天下最有智慧的人，我想請你幫我。我雖然不愁吃穿，但我就是每天憂愁煩惱，捨不得花錢，每次老婆多買了一點東西，我心裡就會不高興；如果今年賺的錢比去年少，我也會寢食不安。我知道這世間困苦的人很多，自己已經很幸福了，可我就是放不開。也因為這樣，我常常跟親人鬧得不愉快。請佛陀幫助我，分析一下我的狀況，告訴我該怎麼辦。」

佛陀聽了之後說：「如果有個人夢到他的頭不見了，醒來以後嚇得哇哇大叫，覺得很恐怖，那接下來該怎麼辦？」

富翁愣了一下說：「我不知道怎麼回答這個問題，因為既然是夢，頭也還在他脖子上，那就好了啊！」

佛陀說：「那該怎麼處理那種恐怖的感覺呢？」

富翁說：「過一下子，完全清醒過來，應該就沒事了吧？」

佛陀說：「那需要回到夢裡，去研究為什麼頭會不見嗎？」

富翁說：「不需要呀！何必研究夢裡的事情，醒來不就好了。」

佛陀點點頭，微笑說：「是的，那麼與其去研究自己的煩惱憂愁，還不如清醒過來就好。」

煩憂顯示什麼？它顯示你沒有醒來，它顯示你還在做夢。假如你為惡夢所苦，你所需要做的便是讓自己醒過來，其他的都不需要做。你發現你好端端地躺在床上時，你才恍然大悟，原來最高的釋夢法就是「自我覺醒」。

佛陀在《金剛經》中開示：「你可以擁有一切，但你要知道，實際上你根本沒有擁有過什麼東西。」當你有所覺醒，你就會看出，世上一切皆是空，一切不過是場美麗的夢。房子、車子、妻子、孩子、銀子……都只是夢，而夢境終會結束，沒有什麼夢可以永遠持續下去。所以，何必執著呢？

人們所有的苦，都是源於執著。只要你執著於某個東西，你就會因為害怕失去它而感到焦慮；因為無法擁有它而感到挫敗。這分執著便是苦的本質。

擁有錢財、名位、感情、欲望，這些原本沒有什麼不好，不是錢財讓你貪婪；不是名位讓你墮落；不是感情讓你瘋狂；不是欲望讓你痛苦。真正的原因是執著。

是的，是執著，是你執著於錢財、名位，是你執著於那個人、那個東西，才讓你煩憂。

這個世界上有太多煩惱，所以有許多人不約而同地問了佛陀一樣的問題：「我該怎麼做，才能不再煩憂？」

佛陀給的答案都相同：「只要放下，你就能不再煩惱。」

有個自以為聰明的人很不服氣，便前去找佛陀，挑釁地問：「世界上有千百萬種煩惱，但你給他們的解決方式都相同，豈不太可笑了？」

佛陀沒有生氣，只是反問男子：「你晚上睡覺的時候，會做夢嗎？」

「當然會！」男子回答。

「那麼，你每天晚上做的夢，都是一樣的嗎？」佛陀又問。

「當然不一樣。」

「你睡了千百萬次，做了千百萬個夢，」佛陀微笑地說，「但要結束夢境的方法，卻都是一樣的，那就是『醒過來』！」

男子聽到佛陀的回答，啞口無言。

世界上有千百萬種煩惱，解決的方法只有一種，那就是覺醒。

我們就像小孩子在沙灘上蓋城堡一樣，用海沙、貝殼、浮木等裝飾這座城堡，我們怕別人碰、怕別人占去，我們是那樣的執著，然而不管你如何保護，潮水終究會把它沖走。

做夢是「迷」，醒來則是「悟」。當你知道你所執迷的不過是幻夢空花，何不把心放下，盡情地享受但不執著，時間到了，就讓它回歸大海。沒有執念，不起紛擾，如是雲淡風輕。

你還記得你完成工作時，既放鬆又滿足的狀態嗎？還記得當你洗完熱水澡，坐在柔軟的墊子上時，舒服自在的感受嗎？放下的感覺就是這樣。

「放下」與「平靜」是同義詞，而且兩者同生同滅。

二十世紀佛教僧侶阿姜查說：「如果你放下一點點，就能獲得一點點平靜；如果你放下許多，就會得到更多平靜。」

生命會在每一個事件裡教導你放下的功課，你越覺醒，就越懂得放下；越能放下，就越平靜。當你的心平靜下來，煩惱也就無從而生。

如果生命只剩一年，你會怎麼活？

——想要好好活的最大祕訣就是「死前先死過（die before you die）」。

你曾聽過有人被醫生宣告死亡後，又奇蹟似的復活的事嗎？

我曾看過許多短暫死亡的可靠報告和書本，幾乎所有死而復生的人都有相同的體驗：他們死後或離開肉體後，會經過某種看起來像隧道般的地方，飛往遙遠的國度；有些人則會看到一生經歷過的所有事情，像電影般在眼前閃過……。不過真正得到「當事人」現身說法，卻是最近的事。

這位朋友其實是個醫生，幾個月前，他在一次手術中，心臟突然停止跳動，在他起死回生之前，產生了一個類似「瀕死的經驗」。

這件事對他產生很大的影響，他突然開竅了，不再汲汲營營、不再凡事匆忙，也開始懂得關心身旁的人。他彷彿重生了一般。

他的經驗讓我想起心理學家理查．卡爾森（Richard Carlson）。

很多年前，他也曾活得忙碌不堪。他回憶道：「追求成就，成了我人生的一切。我不斷地記錄，今天完成了多少事、賺了多少錢……；我的三餐總是亂買，在車上隨便解決。我與自己比賽，看自己能不能贏得比任何人都高的成就。」

然而，就在他結婚那天，他最好的朋友在前往婚禮的途中發生車禍，當場死亡。

「從此，我的步調慢了下來。」卡爾森說，「我了解到自己過去咬著不放的東西，其實都沒有那麼重要。人連自己能活多久都不知道，又何必執著於追求外物呢？」他的人生觀因此改頭換面。

死亡是一則不凡的啟示。就因為死亡，人們才開始審視自己的生命、生活方式，以及什麼才是最重要的事。你全部的價值觀都會因此而改變。

如果你突然知道自己的生命只剩一年，你會怎麼樣？你還會想買新車或換房子嗎？你還會對金錢感興趣嗎？你還會去掛念誰占了你便宜、誰對不起你嗎？突然間，你對錢、對物質的欲望會立刻消失。如果你快離開人世，你絕不會把時間浪費在和人爭吵，那對你來講已經無關緊要；你也不會再去追求更多的東西，因為已經沒有意義。

如果你有覺悟，現在每個日出、日落、晚霞、星空，將是最重要的事，因為每看一次，就少一次。現在我們必須很認真地看待它們，否則以後再也沒有機會了。

如果你有覺悟，現在愛已經變成第一要務，在我們以為自己會活得好好的時，我們對愛很吝嗇，因為我們可以等明天或後天再來愛，我們會很計較，但現在已經沒時間等了，這是最後一次去愛的機會。

如果你有覺悟，你就不會再如此匆忙，是的，你會放慢腳步，讓一切都慢下來；如果你有覺悟，你會把自己想做的事變成第一優先的事。

電影《口白人生》的男主角哈洛克里，在得知自己將死之後，便把剩餘的時間留給自己喜愛的吉他，開始追求愛情、享受生活，他從一成不變的機器，變成了鮮活的生命。

我也看過許多病人，在未生病之前，往往不知道自己要什麼，即使得到也不知珍惜，直到被診斷出癌症或重症末期，才開始正視生活。

美國音樂家格恩里（Arlo Guthrle）即提醒大家：「如果你因為生了病，而想做點不同的事，你現在過的就不是該過的生活。」

想想，有哪些是心裡想去做而未去做的事？有哪些是如果你死了，會後悔沒做的事？有嗎？既然如此，為什麼不現在就去做？而非等到快死了才去做？

事實上，死亡並不如我們想像中那麼遙遠，死亡並不是到最後才發生，而是正在發生。翻開報紙或打開電視，你會發現到處都有死亡的消息，請問這些因意外而死的人，他們在早上出門前可曾想過自己會就這麼走了？他們可曾預期到，原本平凡無奇的日子，竟會發生這樣的事？

在《早安越南》這部影片，愛德華．高立克（羅賓．威廉斯飾演）說過的一段話，讓我至今仍印象深刻：

「我差點就沒命了！我從腳踏車上摔下來，只差幾英吋，就會被卡車壓扁。當我躺在地上的時候，這一生的點點滴滴在我眼前閃過，而你知道最讓我害怕的是什麼嗎？我看到我的人生竟然是這麼的無趣！」

人生最糟的事不是死亡，而是錯過人生。好好用心過活吧！別到了瀕死或太遲了才空留遺憾。

想要好好活的最大祕訣就是「死前先死過（die before you die）」。

你可以在每年將結束的那一刻想一想，如果明年是你的最後一年，你最想做的是什麼，然後將此事列為優先完成的事項。如果要更細分，就每月、每週或每日去做。

每天早晨醒來，問自己：「如果我今晚死了，我會後悔今天什麼事沒做嗎？」

有時，不知道該不該做某件事，一樣可以這樣問：「假設我將要死去，我會怎麼做？」事情的重要與否，在心中自會排出順序。

當你學著如何死亡，你就學會如何生活。

如果我今晚死了，我會後悔什麼事沒做？

何權峰作品集

編號	書　名	內　容	定價
001	展現最好的你	「路，是無限的寬廣；人，則充滿了無限的可能。」所以，無論自己的未來藍圖為何，相信自己，只要堅定地朝目標持續邁進，夢想就在不遠處等著你。	220
002	回歸自然心靈	清心可以開朗、寡慾可以無憂、單純可以喜樂、知足自然富足。讓我們一起以人為本，以自然為師，淨化心靈、放下物慾、簡化生活、回歸真我、返歸自然，進而達到知性的真，理性的善，感性的美。	200
003	心念的種籽	在《心念的種籽》中，作者跳脱一般的説教，以説故事的方式帶領人心，更能讓讀者從本書中獲得智慧與啟示。	200
004	生活就像馬拉松	馬拉松賽者最怕遇見「撞牆期」，選擇面對的方式是：調整呼吸慢慢跑， 或乾脆停下來用走的，等突破了瓶頸後，再重新開跑。	200
005	笑哈哈過苦日子	日子就像芥菜入口的滋味，有淡淡的苦味，如果拌上好的調味料，就會是一道美味的菜肴。這樣的日子雖然清淡，但如果不忘每天一笑，不僅可以延年益壽，還可以返老還童哩！ 來！笑一個吧！	199
006	就靠這一次，人生急轉彎	從生命降臨人間的那一刻起，我們就到達了人生的起點，順著自己的目標往前走，遇到岔路時請記得向右轉，就可以找到一帖讓人生豐富和滿足的處方簽。	179
007	每10秒鐘一個幸福	這是一本似非而是的書，其中充滿了許多大師的妙論，平易中顯哲理，談笑中見智慧。每一篇章正猶如禪宗裡的一首偈，讓人茅塞頓開，有著撥雲見日的領悟。	192
008	有這麼嚴重嗎？	這本書不是要大家膚淺地記一堆笑話，也不是不負責地要大家一味地往好處想，而是希望在笑談中讓你得到了悟，在了悟的過程中得到歡樂，因此在文章裡面作者加入許多幽默笑話及妙語，讓你讀起來更有味道。	180
009	人生幸福，每一項都在拼圖	將近一百個生活哲學、簡單的小故事中，説出人生的大道理，讓你的生活注入活泉，永遠不會乾涸。	200
010	別扣錯第一顆釦子	不了解問題的根本，就解決不了問題；不看清事物的本質，就得不到真相；一個扣錯了第一顆釦子的人，就扣不完所有的釦子。	160

編號	書　名	內　　　容	定價
011	為什麼事情總是一團糟	套句何醫師的話：「用爛泥蓋房子，到頭來還是一堆爛泥。」是的，方法錯了，你越努力結果就只會越糟而已。	180
012	忘了總比記得好	假如你把過去緊抓不放，你當然會一再去經歷它，你的未來不會是別的，一定是累積了許多灰塵的過去，它注定是這樣的，這些塵埃不但會遮蓋你生命的光彩，也將阻礙你看見未來。	180
013	幸與不幸都是福	說幸福是好的，是有福的，這點大家都可以理解，但是說不幸也是福，這就奇怪了，不幸怎麼會是福呢？沒錯，不幸也是福，而且它還是比幸福更大的祝福，只是不幸的人總是「身在福中不知福」。	185
014	別讓每陣風吹著走	做自己的主人，不要盲目地跟隨潮流，被牽著鼻子走。一個有個人風格的人，才是真正具有品味的人。別讓每陣風吹著你走。	185
015	愛，錯在哪裡？	愛一再出錯，錯在哪裡？錯在人們一直沒有搞懂，愛是給，而不是得；愛不是出於需求，而是分享；不是出於匱乏，而是出於豐富。	199
016	所以你也要發正念	文字是紙上的語言，思想是無聲的語言，語言則是有聲的思想。這即是為什麼作者一再強調大家要多說好話、要有好的念頭。特別是念頭要良善、要正面，我們將遇到什麼樣的人或是什麼樣的事都在一念之間。	200
017	當下，把心放下	把心放下吧！當你人在那裡就別再掛著這裡，否則你怎麼可能真正的放鬆心情呢？快樂是來自心裡，你到了哪裡就該把心全然地投入那裡，這樣才可能快樂，不是嗎？	240
018	心田甘露	本書更透過一則則的寓言故事，提供了如何在工作、家庭、人際關係、自我成長等方面，尋求安心所在的方法，讓人有跡可循地回歸最初的清靈本心。	240
019	都是你的錯	這是你的選擇，不要去怪別人，無論你出了什麼問題，你只能怪自己。是的，錯的永遠是你。	240
020	大而化之	44個觀點，教你大事化小，小事化無。生活中，造成情緒失控的原因，大多不是什麼天大的事，而是微不足道的芝麻小事。然而就像小小的吸血蝙蝠能把偌大的野馬置於死地一樣，問題在於你是否能大而化之。	240

編號	書　名	內　　　容	定價
021	幸福，早知道就好	表面上，你是在追求幸福，但其實是在尋找不幸。追求幸福最大的障礙，即是期望過大的幸福。遺憾的是，這道理人往往要到失去或太遲了，才懂！為什麼不現在就知道？	240
022	貼心	貼心，是一種心靈的靠近，一種真情的流露，一種溫柔的關懷，一種無私的包容。	240
023	微笑，生命的活泉	微笑的表情，可以感受生活中每一刻的豐足與喜悅；樂觀的心情，足以抵擋生命中每一次的挫折與打擊。打開書，展笑顏，你將趕走陰霾，為自己尋得生命的活泉。	220
024	心寬，寬心	萬物的本質都是善的，如果我們把慈悲和愛心放在良善的特質上，整個生命將立即改變，一旦你不再劃分，所有的對立消失，所有的衝突消失，那就是和諧的藝術。	240
025	豁然開朗	快樂不在於擁有什麼或達成什麼，快樂已經在那裡，你並不缺少什麼，只要換個想法，換個選擇，一切快樂就顯現給你。	220
026	四捨五入	空，是無，也是有。放下其實是另一種擁有。「四捨五入」是割捨的哲學，也是喜樂的哲學，寫給所有「放不下和捨不得」的朋友們。	240
027	懶，不費力的智慧	懶得去爭。懶得去想。懶得生氣。懶得抱怨。懶得記仇。懶得追求。懶得計較……你看，「懶」包含了多少美德和處事的智慧。懶有什麼不好？	199
028	命運發牌，機會出牌	你覺得自己命不好、運不佳，或是正陷入厄運當中嗎？相信我，那不是什麼厄運，而是你要轉運了。	240
029	一笑天下無難事	試試我給你的這個祕訣：先快樂，然後看看會發生什麼。不要再等待快樂的事發生，不要再期待所有的問題都解決了，你已經等得夠久了。快展露微笑吧！	220
030	開心，放開心	所有的結都是你自己綁上的。即使心有千千結，但是在心的深處，是沒有打結的。只要你願意放開你的心，突然，結就這麼解開了。	210
031	愛，不是你以為的那樣	你不是愛錯了，而是弄錯了；你們不是不合，而是最好的組合。那些因不合而分開的愛人都「誤解」了，愛，不是你以為的那樣。	190
032	你的幸福，我的祝福	人不是因幸福才被祝福，而是因為祝福所以幸福。你的幸福需要有人祝福，別忘了也將祝福給需要的人。	230

編號	書　名	內　　　容	定價
033	微笑，當生命陷落時	人類的痛苦，不僅僅起因於不幸災難，更由於錯誤的認知導致。喜樂來自了解，你越了解，你就越容易離苦得樂。沒錯，一旦明白所有發生在我們身上的事。	220
034	今天的你，開心嗎？	這本書裡的每個篇章和故事都包含各種面對問題的態度，有了好的態度，解決問題自然容易得多。你可以參考書本後面「接下來，該怎麼做？」剩下來的就看你自己了。	230
035	幽默一笑過生活	這本書中舉了大量的幽默事例、笑話，讓我們知道再糟糕的人，也有好笑的一面；再嚴重的事，也有趣味的一面；笑料是無所不在的。	220
036	為什麼聰明人會做糊塗事？	要知道自己是在做夢，就必須先醒來；要知道什麼是錯的，就必須先知道什麼是對的；要知道自己糊塗，就必須先聰明……	220
037	喜悅，順流而行	當你不再對抗生命之流，遲早那些事情都會自己安定下來，你不需要去安頓它們，你只要安頓你自己。一旦你處於和諧之中，整個生命都會處於和諧之中，這就是喜悅之道。	220
038	我微笑，所以我快樂	快樂也要面對，痛苦也要面對，為什麼不樂觀去面對？哭也是一天，笑也是一天，為什麼不微笑去面對每一天？	230
039	愛，其實我們都看反了	如果你的愛為你帶來的是不滿、是怨懟、是憤恨、是一再重複負面的模式，那就表示你的愛並不是愛，是你把愛看反了。	220
040	其實，我們都陷在執著的觀念上	我們總期待人生能順心如意，結果卻往往事與願違，為什麼？因為如果我們凡事都想順心，又怎麼可能事事如意？其實，我們都陷在執著的觀念上。	220
041	不是路已走到盡頭，而是該轉彎了	你可曾注意過關在屋子裡的蒼蠅？它會去找尋光亮，一次又一次撞擊玻璃窗。你是否也看過有人這麼做呢？他們陷在問題裡，不斷掙扎，其實，那不是無路可走，而是該轉彎了。	220